Serena Rust

Wenn die Giraffe mit dem Wolf tanzt

Serena Rust

Wenn die Giraffe mit dem Wolf tanzt

Vier Schritte zu einer einfühlsamen Kommunikation

Illustrationen: Stefan Stutz

KOHA

14. Auflage: 2017
Lektorat: Nayoma De Haën
Satz: David Luczyn
Gesamtherstellung: Karin Schnellbach
Druck: CPI books GmbH, Leck

ISBN 978-3-936862-77-5

Inhalt

»Wir sind hier, weil es letztlich kein Entrinnen vor uns selbst gibt. Solange der Mensch sich nicht selbst in den Augen und Herzen seiner Mitmenschen begegnet, ist er auf der Flucht. Solange er nicht zulässt, dass seine Mitmenschen an seinem Innersten teilhaben, gibt es für ihn keine Geborgenheit. Solange er sich fürchtet, durchschaut zu werden, kann er weder sich noch andere erkennen - er wird allein sein. Wo können wir solch einen Spiegel finden, wenn nicht in unseren Nächsten? Hier in der Gemeinschaft kann ein Mensch erst richtig klar über sich werden und sich nicht mehr als den Riesen seiner Träume oder den Zwerg seiner Ängste sehen, sondern als Mensch, der - Teil eines Ganzen - zu ihrem Wohl seinen Beitrag leistet. In solchem Boden können wir Wurzeln schlagen und wachsen; nicht mehr allein - wie im Tod - sondern lebendig als Mensch unter Menschen«.

Richard Beauvais, 1964

Vorwort

»Man muss die Dinge einfach machen,
so einfach wie möglich – aber nicht einfacher.«
ALBERT EINSTEIN

2016 ist ein Jubiläumsjahr für »Wenn die Giraffe mit dem Wolf tanzt«: Seit dem ersten Erscheinen 2006 sind 10 Jahre vergangen. In dieser Zeit wurde diese lebendig geschriebene Einführung in die Gewaltfreie Kommunikation (GFK) über 100.000 Mal gekauft – das spricht für sich und lässt erahnen, welche Inspiration von diesem kleinen Buch und seinen vergnüglichen Illustrationen ausgeht.

Vom ganz privaten Interesse, aus dem heraus das Buch gelesen wird, über den Einsatz in Ausbildungen für Kommunikation, Mediation und Pädagogik bis hin zur konkreten Anwendung in Unternehmen, Kommunen, Kliniken, Kindergärten und Schulen hat »Wenn die Giraffe mit dem Wolf tanzt« bereits vielen Menschen die GFK zugänglich gemacht.

Mir persönlich gefällt die anregende Mischung aus Leichtigkeit, Freude, Humor und tiefgründigem Blick, die aus jeder Seite spricht. Tiefgründiges Arbeiten hatte ich bisher mit Schwere, Denken und

Druck in Verbindung gebracht. Doch dieses Buch lebt aus einem ganz anderen Geist; die Lektüre ist mühelos und humorvoll und regt an, die gesäten Samen der Gewaltfreien Kommunikation in der praktischen Anwendung weiter zur Entfaltung zu bringen. Dabei hilft auch die App mit ihren kurzen Meditationen und Übungen, die zu Serena Rusts zweitem Buch »Giraffentango« soeben erschienen ist. Herrlich ermutigend!

Ich wünsche beiden Büchern, dass sie möglichst viele Leser erreichen und sie darin bestärken, ihre einfühlsame Kommunikationsfähigkeit zu entwickeln und deren Früchte voller Freude zu genießen.

Prof. Dr. Dirk Randoll

Prolog – Herz-Sprache

»Es gibt einen Ort, jenseits von richtig und falsch. Dort begegnen wir uns.« RUMI

»Worte sind Fenster oder Mauern« – so hieß das Einführungs-Seminar in die Gewaltfreie Kommunikation, auf dem ich vor einigen Jahren Marshall B. Rosenberg zum ersten Mal »live« erlebt habe. Damals dachte ich keineswegs, dass ich Gewaltfreie Kommunikation nötig hätte. Meiner Meinung nach war ich im Umgang mit meinen Mitmenschen durchaus zugewandt und freundlich. Dass mir gelegentlich die Hutschnur platzte und ich in einem reinigenden Gewitter kräftig aus mir herausging, dass Gespräche manchmal quälend, zäh oder strapaziös wurden oder in unlösbare Konflikte eskalierten, akzeptierte ich, wenn auch betrübt, als normal. Manche Themen sind eben schwierig.

Gewaltfreie Kommunikation? Das klang nach Zähne ziehen, nach Biss verlieren und Kraftlosigkeit. Ich war ein wenig skeptisch.

Aber ich war auch neugierig. Marshall Rosenberg war angekündigt als jemand, der mit seiner

Methode schon auf der ganzen Welt gearbeitet und sogar in schwierigen politischen Konflikten zwischen Palästinensern und Israelis erfolgreich vermittelnd gewirkt hat. Es ging also anscheinend noch um mehr als um eine neue Kommunikationstechnik.

Bei dem Seminar hatte ich dann die Gelegenheit, in einem Rollenspiel praktische Erfahrungen mit der Gewaltfreien Kommunikation zu sammeln. In dem mit der einfühlsamen Haltung und der Methode der Gewaltfreien Kommunikation geführten Dialog fühlte ich mich vorbehaltlos angenommen.

Erleichtert konnte ich alles ausdrücken, was mir in meiner Rolle auf der Seele lag. Ein offener, kraftvoller Verbindungsstrom entstand. In diesem Raum erwachte wie selbstverständlich auch meine Bereitschaft, diesen mir fremden Menschen mit seinen Bedürfnissen gelten zu lassen. Schließlich empfand ich einen geradezu drängenden Wunsch, für seine und meine Bedürfnisse eine konkrete Form zu finden. Die Lösung fiel uns wie ein reifer Apfel in den Schoß!
Die Kraft und Wärme der Verbindung waren die Grundlage, auf der die konkrete, umsetzbare Lösung leicht erwuchs. Nebenbei bemerkt: Ohnehin wirkte der Konflikt im Licht dieser offenen Begegnung bereits viel harmloser.

Diese sehr kraftvolle und zutiefst überzeugende Erfahrung wurde zu meiner Initial-Zündung. Ihrem Geheimnis, ihrer Magie wollte ich auf die Spur kommen.

»Das Schönste, was wir entdecken können,
ist das Geheimnisvolle.« EINSTEIN

Wenn eine solche Erfahrung einmal möglich war, ist sie grundsätzlich und immer wieder möglich, dachte ich mir. Aber welche Bedingungen sind

es, die solche Erfahrungen unterstützen? Das wollte ich herausfinden, lernen, üben, leben, weitertragen …

Um eingängig und humorvoll darzustellen, wie es in der Kommunikation funken kann und wie sie baden geht, verwendet Marshall Rosenberg zwei Tiere als Symbole, den »Wolf« und die »Giraffe«.

Die Vier-Schritte-Technik der Gewaltfreien Kommunikation ist dabei die Landkarte zur Fülle der Giraffenverständigung. Der Weg dorthin liegt manchmal sehr klar vor unseren Füßen und zu anderen Zeiten verliert er im tanzenden Spiel von Licht und Schatten für eine Weile seine Festigkeit. Auf einigen Strecken müssen wir uns vielleicht erst einen Pfad durch unwegsames

Dickicht bahnen, auf anderen erwarten uns weite Blicke über sanft geschwungene Blumenwiesen und wir genießen die kraftvoll wärmenden Sonnenstrahlen.

Nicht von ungefähr heißt dieses Buch »Wenn die Giraffe mit dem Wolf tanzt«. Es geht um mehr innere Bewegungsfreiheit, um eine Erweiterung unserer Reaktionsmöglichkeiten, um Wahlfreiheit und Verantwortung. Gelassenheit ist eine wertvolle Begleiterin bei diesem Tanz – Gelassenheit, Geduld und viel Mitgefühl mit uns selbst. Der Weg ist das Ziel!

Mit diesem Buch lade ich dich auf eine Schatzsuche ein. Es geht um nicht mehr und nicht weniger als eine herzliche Verbindung zu dir selbst und anderen. Geteilte Freude ist doppelte Freude. In dieser Volksweisheit drückt sich ein wesentliches Prinzip der Giraffensprache aus, in der Verbindung, Mitgefühl und Kreativität eine große Rolle spielen. Ich schreibe es für alle, die sich einen ersten Eindruck davon verschaffen wollen, wie lebendige, effektive Verständigung gelingen kann.

Wölfe und Giraffen

Wozu Gewaltfreie Kommunikation?

»Frage dich nicht, was die Welt braucht.
Frage dich, was dich lebendig werden lässt
und dann geh los und tu das.
Was die Welt nämlich braucht,
sind Menschen, die lebendig geworden sind.«

HAROLD WHITMAN

Stell dir vor: Dein Mann macht dir einen Vorwurf ... und du bist nicht gekränkt! Oder andersherum: Du bist enttäuscht oder sauer über etwas und du kannst es so sagen, dass deine Frau dich versteht! Wäre das nicht wunderbar?

Die Gewaltfreie Kommunikation ist eine Methode, uns mit unserem mitfühlenden Wesen zu verbinden. Aus dieser inneren Kraft heraus und durch eine herzliche Verbindung zum anderen können wir Konflikte so angehen und lösen, dass das Leben aller bereichert wird.
Gandhi hat festgestellt, dass unsere natürliche Fähigkeit des Mitfühlens sich wieder entfaltet, wenn die Gewalt in unserem Inneren nachlässt. In diesem Sinn nennt Marshall Rosenberg seine Methode »gewaltfrei«.
In diesem Buch lernst du einen aus vier Schrit-

ten bestehenden, leicht verständlichen Prozess kennen. Er kann dir helfen, das bunte Vielerlei deiner Gedanken, Wünsche, Vorstellungen, Gefühle und Interessen zu entmischen und so neu zusammenzusetzen, dass du im Umgang mit deinen Gefühlen und Bedürfnissen zunächst weniger und dann irgendwann keine Gewalt mehr brauchst – weder gegen dich selbst noch gegen andere.

Du kannst dann sagen, wie es dir geht, ohne gleichzeitig Stolpersteine in den Fluss eurer Kommunikation zu rollen. Und du kannst verstehen, was mit dem anderen los ist, ohne dich von bissigen, verletzenden Formen seiner Aussagen beirren zu lassen.
Selbst unserer Anerkennung und unserer Dankbarkeit wachsen kraftvollere Flügel, wenn wir sie im Sinn der Vier Schritte ausdrücken und unsere Beziehungen starten damit zu ungeahnten Höhenflügen. Dazu später mehr im Kapitel über Wertschätzung.

Überhaupt ist jeder innere Dialog, jeder Austausch mit einem Mitmenschen geeignet, um die Lebendigkeit und Tiefe der »Einfühlsamen Kommunikation« zu genießen! Das Kind

braucht nicht erst in den Brunnen zu fallen, unsere Gespräche müssen gar nicht erst in Konflikte eskalieren, um die Früchte dieses Prozesses zu ernten.
Häufig haben wir einfach nur keine Idee, wie wir aus den sich aufschaukelnden Teufelskreisen von Angriff und Gegenangriff aussteigen können. Die Gewaltfreie Kommunikation weist uns einen Weg, auf dem wir einander in Gesprächen und Konflikten unsere Gefühle zeigen und darüber sprechen können, was wir wirklich brauchen. Sie ermutigt uns, unsere Vorurteile und Feindbilder fallenzulassen und zu riskieren, andere Menschen wieder unvoreingenommen in ihren guten Absichten wahrzunehmen.

In dieser wohlwollenden Atmosphäre wächst und gedeiht unsere Bereitschaft, uns auszutauschen und für alle fruchtbare Lösungen zu finden. Da wir als soziale Wesen in vielerlei Hinsicht bei der Erfüllung unserer Bedürfnisse voneinander abhängig sind, gewinnen wir damit alle. Die Gewaltfreie Kommunikation ist eine Sprache, in der unsere Herzen lebendig werden und unsere Verbindungen direkt, warm und offen.

Vielleicht regen sich bei dem einen oder anderen jetzt zweifelnde oder skeptische innere Stimmen? Mir ist bewusst, dass sich die Gewaltfreie Kommunikation mit manchen unserer gewohnten Vorstellungen und Selbstverständnissen reibt. Ich bitte dich, deine zurückhaltende Freundin Skepsis und deinen misstrauischen Freund Zweifel mitzunehmen, damit sie sich selbst einen Eindruck verschaffen. Ich verspreche ihnen, dass die Gewaltfreie Kommunikation ihnen in Zukunft viel Arbeit abnehmen wird!

Die Symbole Wolf und Giraffe

»Die Wahrheit ist nur wahr,
wenn auch ihr Gegenteil in ihr Platz hat.«

RUDOLPH MANN

Gemeinsam mit Wolf und Giraffe tanzen wir durch die Seiten dieses Büchleins. Der Wolf ist der Experte für die uns allen sehr vertraute, vom bewertenden und interpretierenden Denken geleitete Art zu sprechen und zu hören. In diesem Büchlein hilft er uns zu erkennen, warum unsere Auseinandersetzungen mit anderen manchmal trotz bester Absichten ganz anders verlaufen, als wir uns das wünschen. Die Giraffe zeigt uns dann, wie wir dieselben Situationen fruchtbar transformieren können.
Die Giraffe spricht und hört ganzheitlicher als der Wolf. Im Gegensatz zum Wolf kann sie ihre Gefühle und Bedürfnisse in das Gespräch einbeziehen. Das ist ein wesentliches Element der »Gewaltfreien Kommunikation«, weshalb sie auch »Einfühlsame Kommunikation« genannt wird.

Natürlich kommen Wolf und Giraffe mit ihren Ausdrucks- und Verständigungsweisen in Wirk-

lichkeit nicht in Reinkultur vor. Es gibt keinen Menschen, der nur Wolf ist oder nur Giraffe! Beides sind Kommunikationsstile, die wir mit jedem Gesprächspartner, in jedem Moment, in jeder Situation anders gefärbt und gewichtet verwenden. Manchmal bin ich ein Wolf mit Giraffenflecken, ein andermal eine Giraffe, die auf Wolfspfoten tanzt.

Die auf Dominanz und Bewertungen ausgerichtete Wolfssprache beherrschen wir automatisch. Dachte ich zumindest zunächst. Genau genommen beherrschte sie jedoch mich, denn sie ist die kulturelle Mutter- und Vatersprache, in der wir von klein auf leben und die unser Denken geprägt hat.

Gelegentlich habe ich erlebt, dass tierliebe Menschen es als ungerecht empfinden, dass der Wolf bei dieser Rollenverteilung so schlecht wegkommt. Solltest du etwas Ähnliches empfinden, bitte ich dich, dieses Büchlein durchzublättern und dir die Zeichnungen anzuschauen. Ich hoffe, dass auf diese Weise meine herzliche Wertschätzung auch für den vordergründig oft beißenden Kommunikationsmodus des Wolfes spürbar zum Ausdruck kommt!

1234

Ein Blick ins Giraffenparadies

»Die Welt in der wir leben,
entsteht aus der Qualität unserer Beziehungen.«

MARTIN BUBER

Hier kommt nun eine erste Kostprobe der Einfühlsamen Kommunikation, ein kleiner Dialog in der so genannten »Giraffensprache«.

»Wenn du so schnell fährst, fühle ich mich unwohl.«
»Hast du Angst, dass etwas passieren könnte?«
»Ja, ich bin ein bisschen besorgt – und ich kann bei dem Tempo die Landschaft auch gar nicht genießen. Bitte fahre etwas langsamer!«
»Okay! Ich freue mich ja darüber, dass wir zum Vergnügen unterwegs sind. Ich fühle mich doch noch etwas angespannt vom Job. Was hältst du davon, wenn ich dort vorne am Restaurant anhalte und wir auf der Terrasse einen Kaffee trinken?« »Oh! Das gefällt mir!«

Wäre es nicht wundervoll, wenn unsere Gespräche so ablaufen würden? Und wenn das nicht nur zufällig in Sternstunden geschähe, sondern wenn wir ein klares Handwerkszeug hätten, damit wir

uns bewusst so ausdrücken können, dass diese herzliche Verbindung entsteht?
Marshall Rosenberg hat einen Prozess von vier aufeinander folgenden Schritten entwickelt, in denen wir davon sprechen, wie es uns geht und was wir brauchen, um uns besser zu fühlen. Diese vier Schritte bilden die Brücke, über die wir aus unserer bisherigen »normalen« Art der Kommunikation in das Giraffenparadies gelangen. Ich stelle sein Modell hier kurz vor und gehe später ausführlich auf jeden einzelnen Schritt ein.

1. Schritt: Beobachten – ohne zu bewerten

Im ersten Schritt sage ich, was genau der Anlass ist, weshalb ich dieses Gespräch beginne. Wichtig ist, dass ich keine Bewertung in meine Aussage hineinmische.
Was genau war der Auslöser, auf den ich reagiert habe? Was habe ich gesehen oder gehört?
Wenn ich sage: »Du kommst 20 Minuten nach dem Filmanfang!«, drücke ich aus, was ich beobachte. Sage ich: »Du kommst schon wieder zu spät!«, mische ich hinein, was ich davon halte.

2. Schritt: Fühlen – ohne zu interpretieren

Im zweiten Schritt spreche ich mein Gefühl an. Ich kann z.B. ängstlich sein, froh, betroffen, frustriert, berührt oder traurig. Sage ich hingegen: »Ich fühle mich von meinem Chef übergangen!«, drücke ich aus, wie ich ein bestimmtes Verhalten meines Chefs interpretiere.

3. Schritt: Bedürfnisse – statt Strategien

Im dritten Schritt sage ich, welches Bedürfnis hinter diesem Gefühl liegt, das mich bewegt, z.B. das Bedürfnis nach Zugehörigkeit, Freiheit, Sicherheit, Autonomie, Sinn.

Mit dem Satz: »Ich brauche Erholung«, drücke ich ein Bedürfnis aus. Sage ich hingegen: »Ich möchte morgen einen Ausflug machen«, spreche ich von einer Strategie, einem konkreten Weg also, wie ich mein Bedürfnis nach Erholung befriedigen will.

4. Schritt: Bitten – statt fordern

Und im vierten Schritt schließlich äußere ich eine Bitte, in der ich sehr konkret sage, was ich jetzt gerne möchte.

»Bitte, kannst du die Spülmaschine gleich ausräumen?«

Ob das eine Bitte oder eine Forderung ist, entscheidet sich daran, ob der andere »Nein« sagen kann, ohne dass unsere Verbindung leidet oder er mit Sanktionen rechnen muss.

Wir können diese Vier Schritte anwenden, um uns selbst auszudrücken und wir können sie anwenden, wenn wir anderen zuhören, um uns in ihre Beobachtungen, ihre Gefühle, ihre Bedürfnisse und ihre Bitten einzufühlen. Auf diese Weise wird unsere Kommunikation zu einem hin und her schwingenden Tanz zwischen dem, was ich beobachte, fühle, brauche und erbitte und dem, was du beobachtest, fühlst, brauchst und erbittest.

Die Vier Schritte geben mir das Gefäß, die Struktur, in die ich meine Worte gieße.

»Sie sind einfach, aber nicht leicht!«, hörte ich kürzlich über die Vier Schritte. Das stimmt. Sie sind ein leicht überschaubares Modell, doch wenn wir sie anwenden wollen, finden wir uns häufig unversehens in den Denk- und Sprechweisen wieder, die uns seit Jahrzehnten vertraut sind.

Ich selbst war überrascht und zunehmend irritiert, wie ich entgegen meiner bewussten Absicht automatisch immer wieder in die Wolfssprache rutschte! Also musste ich mir erst mal die Welt meines inneren Wolfes mit ihren Sprachformen bewusst machen, um sie identifizieren und verändern zu können.

In der Wolfswelt

»Wer sagt, hier herrscht Frieden, der lügt.
Frieden herrscht nicht.« Erich Fried

Unsere Sprache haben wir in unserer Kindheit gelernt. Wir sind damit erzogen worden und sie ist uns seit Jahrzehnten in Fleisch und Blut übergegangen.
Doch obwohl wir sie gut beherrschen, gelingt uns damit manchmal nicht der erfüllende Austausch, den wir uns wünschen. Trotz aller guten Absichten schlittern wir immer wieder in verletzende Auseinandersetzungen und tragen durch unsere Wortwahl und unsere Art des Sprechens zu Schmerz und Leid bei.
Also wollen wir versuchen, unserer Wolfssprache auf die Spur zu kommen. Auf welche Art und Weise versuchen wir auf andere Menschen Einfluss zu nehmen, wenn uns deren Verhalten nicht gefällt? Wie teilen wir in solchen Momenten mit, was uns bewegt?

Ein Wolfsgespräch mit einem Nachbarn:
Wolf 1: »Hören Sie mal, Herr Schmidt, wann machen Sie endlich Ihre unmöglichen Monsterfichten weg?«

Wolf 2: »Erstens das sind keine Fichten, sondern Tannen! Zweitens haben Sie mir gar nichts vorzuschreiben! Und drittens kümmern Sie sich erst einmal um Ihre Birken, deren Laub immer in meinen Garten fällt!«
Wolf 1: Jetzt stellen Sie sich mal nicht so an wegen dem bisschen Laub in den zwei Wochen im Jahr! Das ist der Lauf der Natur! Ich leide das ganze Jahr unter dem Schatten Ihrer Bäume. Und außerdem wächst hier in meinem Beet nichts mehr, seitdem Ihre Bäume meinen Pflanzen alles Wasser wegnehmen!«
Wolf 2: »Sie sind doch nur zu faul zum Gießen!«
Wolf 1: »Das ist ja eine Frechheit! Das schlägt doch dem Fass den Boden aus! Wenn in den nächsten vier Wochen nichts passiert, hören Sie von meinem Anwalt!«
Wolf 2: »Nur zu! Da freu' ich mich schon drauf!«

Ein Wolf weiß immer genau, was richtig oder falsch ist. Er ist davon überzeugt, dass seine Perspektive für alle und alles gilt, denn er hat sozusagen »die Wahrheit gepachtet«. Wenn er anderen deutlich macht, was an ihnen verkehrt ist oder was sie falsch gemacht haben, dient es nach seiner Überzeugung nur der Wahrheitsfindung. Und um seiner Sichtweise den nötigen Nachdruck zu verleihen, droht er auch mal mit Konsequenzen. Zuckerbrot und Peitsche, Lob und Strafe hält er im zwischenmenschlichen Umgang für normal.

Wölfische Ausdrucksweisen inklusive Tonfall, Mimik und Körperhaltung sollen einschüchtern und können durchaus bedrohlich wirken. Wahrscheinlich zahlt der andere mit gleicher Münze zurück – und schon haben wir die Eintrittskarte zum Wolfskarussell gelöst und kreiseln durch Angriff und Gegenangriff, Beschuldigungen, Geringschätzung und Drohungen.

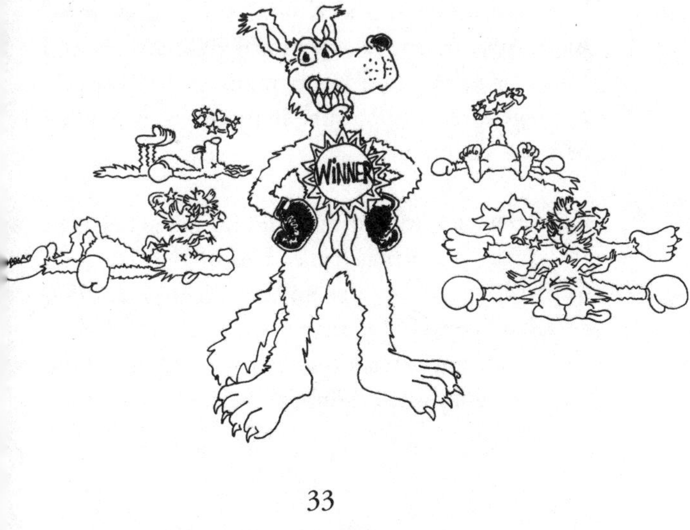

Beim Wolf dominiert das Denken, vor allem seine Meinungen über andere.

Was sonst noch in seinem Inneren mitspielt, weiß er nicht so genau. Gefühle sind ihm eher suspekt und er befürchtet, dass er sich mit ihnen lächerlich machen oder die Kontrolle verlieren könnte und dann nicht mehr so funktioniert, wie er doch muss. Solange er davon überzeugt ist, dass er im Recht ist, fühlt er sich unabhängig und sicher.

Er glaubt, dass der Schokoladenkuchen ohnehin zu klein ist, als dass alle nach Herzenslust davon bekommen könnten. Das bedeutet in der Wolfswelt: Die anderen sind Konkurrenten und ihnen ist zu misstrauen. Es wird immer Gewinner und Verlierer geben und wenn man zu den Gewinnern gehören will, muss man dafür mit allen Mitteln kämpfen.

Zum Beispiel, indem man darauf beharrt Recht zu haben. Natürlich hat er Recht! Das ist doch sonnenklar! Wenn der andere das nur endlich einsehen würde! Dann wären diese unerfreulichen Auseinandersetzungen überflüssig! Und die Beziehung könnte schön und harmonisch sein!

Wahrscheinlich hast du mittlerweile eine ganze Reihe von »Wölfen« in deinem Umfeld identifiziert. Oder auch schon den einen oder anderen Wolf in deinem Inneren?

Damit du ihn in deiner alltäglichen Kommunikation leicht identifizieren kannst, zeige ich im folgenden Kapitel vier seiner besonders verbreiteten Ausdrucksweisen.

Durch die Wolfsblume gesagt –

Von Stolpersteinen, Tarnkappen, Bremsen, Peitschen und Schraubzwingen

»Kühner als das Unbekannte zu erforschen, kann es sein, das Bekannte zu bezweifeln.«

H. Jaspers

Die Gewaltfreie Kommunikation geht davon aus, dass auch der Wolf auf seine Art versucht, dem anderen zu sagen, wie es ihm geht und was er braucht! Aber er tut es so indirekt und ungeschickt, dass dieses Anliegen überhaupt nicht mehr spürbar ist! Er spricht sozusagen durch die Wolfsblume. Leider führt dieser Weg oft ins Dickicht eines sich verheddernden Gespräches!

Damit du einen ersten Geschmack davon bekommst, wie die Giraffe das Gleiche ausdrücken würde, lasse ich sie dem Wolf gleich ihre »Übersetzung« ins Ohr flüstern. Statt über Vorwürfe und Rechtfertigungen spricht sie darüber, wie es ihr geht und was sie braucht.

Der »Du-bist-unfähig!«-Stolperstein

Der Wolf versucht oft, etwas zu verändern, indem er anderen auf vielerlei Weise sagt, was an ihnen falsch ist. Dabei geht er selbstverständlich davon aus, dass seine Meinung »wahr« und damit objektiv gültig ist. In diese Kategorie gehören alle Arten von negativen, entwertenden Interpretationen, Unterstellungen und Diagnosen, mit denen der Wolf andere kritisiert, beschuldigt, anklagt, verurteilt und beschämt.

»Immer musst du alles besser wissen und das letzte Wort haben!« Giraffe: »Ich bin frustriert, weil ich denke, dass du mich nicht hörst und weil mir die Verbindung zu dir am Herzen liegt.«

»Du bist vielleicht faul und egoistisch! Hockst hier am Computer, während ich mich abrackere, um unser ganzes Gepäck im Auto zu verstauen!« Giraffe: »Ich bin total gestresst und brauche dringend Hilfe!«

Die »Ich-kann-nichts-dafür!« – Tarnkappe

Wenn der Wolf versucht, einem anderen Menschen zu sagen, wie es ihm geht und was er braucht, spricht er oft so, als läge die Ursache für sein Fühlen, Denken und Handeln außerhalb seiner selbst. Er schiebt damit die Verantwortung von sich weg – und mit ihr auch seine Kraft!

»Ich kann doch nichts dafür, wenn unsere Konflikte dauernd eskalieren!« Giraffe: »Ich bin verzweifelt und brauche Mitgefühl!«

»Ich kann nichts dafür, dass jetzt Farbspritzer auf den Scheiben sind! Der Wind hat die Folie weggeweht!« Giraffe: »Ich bedauere, dass die Scheiben mit Farbe verspritzt sind. Ich werde sie morgen säubern.«

»Wenn die Arbeit nicht bis heute Abend fertig wird, liegt das doch nicht an mir! Kollege Meier hat mir den Vorgang erst gestern gegeben!« Giraffe: »Ich fühle mich unter Druck und brauche Verständnis und Ermutigung!«

Die »Wehe-wenn-du!« – Peitsche

Mit »Wenn-du«-Formulierungen versucht der Wolf, den anderen zu motivieren, sein Verhalten zu ändern, indem er ihm deutlich oder subtil droht und Angst macht.

»Wenn du noch einmal in diesem Ton mit mir sprichst, kannst du etwas erleben!« Giraffe: »Ich bin erschrocken und traurig, weil mir achtsamer Umgang miteinander wichtig ist!«

»Wenn du noch einmal zu spät kommst, war das unsere letzte Verabredung!« Giraffe: »Ich bin frustriert, weil ich meine Zeit sinnvoll und selbstbestimmt nutzen möchte!«

»Wenn Sie das Projekt nicht bis Mittwoch abgewickelt haben, können Sie sich einen anderen Job suchen!« Giraffe: »Ich bin gestresst und brauche Sicherheit. Bitte sagen Sie mir, wie Sie im Zeitplan liegen!«

Die »Du-sollst!«-Schraubzwinge

Auf diesem Weg versucht der Wolf dem anderen zu sagen, wie es ihm geht und was er braucht, indem er Forderungen an den anderen richtet und ihm sagt, was er soll, was er muss, wozu er verpflichtet ist oder was er hätte lassen sollen.

»Nehmen Sie Ihren verdammten Köter an die Leine!« Giraffe: »Ich bin ängstlich und brauche Sicherheit!«

»Was Sie da reden ist doch alles hohles Gesülze. Sie sollten sich erst einmal mit den Tatsachen vertraut machen!« Giraffe: »Ich bin frustriert, weil mir klare, direkte Kommunikation am Herzen liegt!«

»Du solltest weniger fernsehen! Das ist so eine oberflächliche Art die Zeit totzuschlagen!« Giraffe: »Ich bin frustriert, weil ich gerne mit dir gemeinsam etwas Lebendiges erleben möchte. Bitte lass uns heute Abend in das Cello-Konzert gehen, okay?«

Das waren Beispiele für die Schwergewichtler der Wolfssprache. Darüber hinaus gibt es noch eine ganze Reihe von weiteren Kommunikations-Hindernissen wie Vergleichen, Verharmlosen, Leugnen etc., zum Beispiel:

»Mein Vater hätte das Ding im Nu wieder hingekriegt!« Giraffe: »Ich fühle mich überfordert und brauche im Haus mehr Unterstützung. Bitte sage mir, ob du den Wasserhahn auswechseln kannst oder ob wir den Klempner holen müssen.«

»Ach, komm, stell dich nicht an. Das ist doch nicht so schlimm! Jeder hat mal Stress auf der Arbeit!« Giraffe: »Ich bin selber erschöpft und brauche gerade ein bisschen Ruhe! Kannst du mir das alles in einer halben Stunde erzählen?«

Selbst beim Schreiben spüre ich, wie die schneidende Kälte solcher Worte Menschen in eine emotionale Polarlandschaft versetzt – und genieße lieber die sonnigen Giraffeninseln!

Sicher hast du solche Wolfssätze selbst schon gesagt oder in Dialogen bei anderen gehört. Häufig drücken Menschen ihre Meinungen, Interpretationen und Forderungen aus, statt direkt von ihren Bedürfnissen zu sprechen. Außerdem begegnen uns diese »Verbindungs-Erschwerer« im alltäglichen Gespräch ja nicht säuberlich sortiert, sondern sind explosiv zusammengemischt und schaukeln sich in Dialogen zur geballten Ladung auf.

So angesprochen hat wohl kaum jemand Lust, zu unserem und des anderen Wohlergehen beizutragen. Die Verbindung hat keine Kraft. Der andere ist nicht berührt und wird vermutlich eher mit Gegenangriff, Widerstand oder Rückzug reagieren, statt wohlwollend zu antworten.

So verschleißen wir viel Energie und Nerven und lassen den Fluss unserer Verständigung austrocknen. Und auch wenn wir mit derartigen Strategien kurzfristig und punktuell erreichen, was wir wollen, zahlen wir auf längere Sicht einen hohen Preis.

Der Traum, im konstruktiven Austausch mit anderen zu wachsen und Kraft zu gewinnen, bleibt in dieser Welt von Gewinnern und Verlierern eine ferne Utopie.

Nach diesem Ausflug in die Wolfswelt wandern wir nun in die Giraffenwelt. Auf ihren Wegen kommen unsere Herzen leichter miteinander in Schwingung, was die Chancen für eine fruchtbare Verständigung erhöht.

Auf dem Giraffenpfad

»Was vor uns liegt und was hinter uns liegt,
sind Kleinigkeiten im Vergleich zu dem,
was in uns liegt.
Und wenn wir das, was in uns liegt
nach außen in die Welt tragen,
geschehen Wunder.« HENRY D. THORAU

Weil die Giraffe das Landtier mit dem größten Herzen ist und mit ihrem langen Hals einen guten Abstand und Überblick hat, ist sie ein ideales Symbol für die einfühlsame Verständigung.

Die Giraffe steht für eine Wahrnehmung, in der wir uns daran erinnern, dass hinter all unserem Tun und Lassen Bedürfnisse stehen. Das hilft der Giraffe, dem Wolf seine Worte nicht mit gleicher Münze heimzuzahlen, sondern sich selbst und dem anderen einfühlsam zu begegnen.

Jemandem einfühlsam zu begegnen heißt, unvoreingenommen und offen wahrzunehmen, wie es dem anderen gerade geht und was er braucht. Diese innere Haltung ist die entscheidende Kraft, mit der die Giraffe die Technik der Vier Schritte zu einem Herzensschlüssel macht. Sie wendet ihn sowohl nach innen an, um ihr eigenes Herz tiefer zu erforschen (die sogenannte Selbsteinfühlung), als auch nach außen, um deutlicher wahrzunehmen, was den anderen wohl bewegt und welche Gefühle und Bedürfnisse seinem Handeln zugrunde liegen könnten.

Die Giraffe lebt aus der Kraft ihrer unmittelbar lebendigen Bedürfnisse. Unbeirrt sucht sie immer wieder die Verbindung zu ihrem wohlwollenden Herzen. Mit Hilfe der Vier Schritte: Beobachtung, Gefühl, Bedürfnis und Bitte nimmt sie geduldig mit ihrem berührbaren und mitfühlenden Wesen Kontakt auf, während mancher Wolf seine Berührbarkeit lieber mit scharfen, bissigen Zähnen schützt oder hinter dicken Mauern einbetoniert.
Aus diesem Kontakt zu ihrer Herzenskraft entspringt ihre Freude am Geben und Nehmen, mit der sie das eigene und das Leben anderer bereichert. Geben und nehmen werden dann für sie Eins.

Die Giraffe sucht also nicht primär nach einer sachlichen Lösung, sondern es geht ihr zunächst um die menschliche Begegnung. Diese Begegnung entsteht in einer hin und her schwingenden Bewegung aus Einfühlung in den anderen, Selbsteinfühlung und aufrichtiger Selbstmitteilung. Dabei bleiben die Vier Schritte aus Beobachtungen, Gefühlen, Bedürfnissen und Bitten auch die grundlegende Struktur für den gemeinsamen Tanz.

Was kann ich nun tun, wenn ich merke, dass sich in mir selbst oder in einem Konflikt gerade ein Wolfskarussell zusammenbraut? Wenn die Luft »dick« wird?

Ich halte inne und komme zu mir!
Ich nenne das: Die Reißleine am Giraffenfallschirm ziehen!
Mein Giraffenfallschirm *entschleunigt* die Situation und gibt der Giraffe in mir Gelegenheit, aufzuwachen. Damit entgehe ich dem wölfischen Automatismus.

Ich erinnere mich daran, dass es einen wölfischen Weg gibt mit Bremsen, Tarnkappen, Schraubzwingen, etc … und einen giraffischen mit Beobachtungen, Gefühlen, Bedürfnissen und Bitten – und entscheide mich bewusst, welchen Weg ich weiter gehen will!
Dann kann ich (zumindest theoretisch) in jedem

Moment das Wolfskarussell anhalten und aussteigen.

»Du hast für vier Wochen einen Segeltörn in Venezuela gebucht. Da bin ich fassungslos, denn mir liegt am Herzen, dass wir so wichtige Entscheidungen gemeinsam treffen. Bitte lass uns jetzt darüber sprechen, okay?«

Jeder kann diesen Prozess lernen und auf seine inneren Dialoge und die Gespräche mit anderen anwenden. Allerdings gilt es dabei zu beachten, dass wir in der Einfühlsamen Kommunikation unter Gefühlen und Bedürfnissen nicht unbedingt dasselbe verstehen, was umgangssprachlich üblich ist.

Wolfsohren und Giraffenohren

Die letzte der menschlichen Freiheiten
besteht in der Wahl der Einstellung zu den Dingen.

VIKTOR FRANKL

Wölfe sprechen nicht nur, sie hören auch!

Die Melodie der Gewaltfreien Kommunikation wird auf zwei Instrumenten gespielt: Bis hierher haben wir uns mit dem offenkundigeren beschäftigt, dem Sprechen. Das zweite, verborgenere Instrument ist das Hören. Weil es nicht so direkt wahrnehmbar ist wie das Sprechen, ist seine Wirkung zunächst etwas schwieriger zu bemerken.

Ich kann mit Wolfsohren hören und die Worte des anderen als Angriff, Vorwurf, Bewertung etc. auffassen – oder ich kann mit Giraffenohren eine Mitteilung über ein unerfülltes Bedürfnis und die damit verbundenen Gefühle hören. In seinen Seminaren verwendet Marshall Rosenberg Wolfsohren und Giraffenohren aus Plüsch, die er auf und absetzt, um diesen Prozess zu veranschaulichen.

Auf meinem Weg in die Giraffenwelt habe ich die Erfahrung gemacht, dass mir die Wahl zwischen Wolf und Giraffe beim Hören leichter fiel als beim Sprechen. Meine Ohren konnte ich schneller bewusst umschalten, vielleicht weil ich das ganz unbemerkt und still in meinem Inneren üben konnte.

Dabei stellte ich betroffen fest, wie häufig zwei (oder mehr) Menschen in einen eskalierenden Konflikt geraten, bei dem sich am Ende herausstellt, dass der eine schon in den ersten Sätzen etwas anderes gehört hat als der andere sagte! Selbst wenn ich lupenreine Giraffensprache spreche ist also noch nicht gesagt, dass meine Worte durch die Wolfsohren des anderen zu seinem Herzen durchdringen.

Ich lernte mal wieder, wie wichtig es ist, erst einmal aufmerksam und sorgfältig herauszufinden, worum es wirklich geht! Dabei hat mir die Erfahrung sehr geholfen, dass ich wählen kann, mit welchen Ohren ich höre!

Unter Kolleginnen

Stell dir vor, nach einem Meeting sagt eine Kollegin zu dir:

»Du lässt mich nie zu Wort kommen! Ich bin total frustriert, weil du dich immer so in den Vordergrund drängst!«
Mit welchen »Ohren« hörst du? Wie reagierst du auf das, was du hörst?

Wolfsohren
Unsere Wolfsohren sind genauso automatisiert wie unser Sprechen. Wolfssprache und Wolfshören gehen Hand in Hand.

Ganz spontan aus dem Bauch heraus würdest du deshalb vielleicht antworten:
»Ach komm! Bist doch selber schuld, wenn du den Mund nicht aufbekommst! Du bist einfach eine Trantüte! Du müsstest dich einfach mal ein bisschen mehr engagieren!«

Wenn deine Reaktion in diese Richtung geht, hörst du diesen Satz also als einen Angriff und antwortest mit einem Gegenangriff. Du hörst mit der »wölfischen« inneren Haltung: »Ich habe Recht und du hast Unrecht!« und reagierst nach außen.

Oder denkst du vielleicht:
»Ja stimmt! Ich überfahre immer alle mit meiner überbordenden Power. Das ist doch wirklich peinlich! Ein unmögliches Sozialverhalten! Was soll der Chef bloß von mir denken! Ich sollte mich wirklich bremsen!«
Dann hast du die Worte deiner Kollegin als Schuldzuweisung gehört – und teilst ihre Bewer-

tung! Du stimmst ihr zu und machst dich innerlich noch zusätzlich nieder. Wieder sind deine Wolfsohren aktiv – doch diesmal reagierst du damit nach innen: »Du hast Recht und ich habe Unrecht!«

Oder du erklärst der Kollegin:
»Na ja, es hat sich ja niemand zu Wort gemeldet! Einer musste schließlich etwas sagen. Und überhaupt habe ich mit meinem Beitrag allen Diskussionsstoff geliefert!«

Du hast weiterhin deine Wolfsohren nach innen gerichtet – du rechtfertigst und entschuldigst dich gleichzeitig, das heißt, deine wölfische Haltung von »Einer muss Recht haben« wendet sich gegen dich selbst, du setzt dich selbst ins Unrecht und fängst an, dich zu verteidigen.
Die Verantwortung für die Gefühle anderer Menschen zu übernehmen, ist in unserer Kultur weit verbreitet. Mit welchen sprachlichen Formulierungen das einhergehen kann, zeige ich im nächsten Kapitel.

Giraffenohren
Möglicherweise hast du jedoch schon mal was von Gewaltfreier Kommunikation gehört oder

du bist ohnehin ein mitfühlender Mensch, der nicht gerne einfach zurückhaut. Dann fühlst du dich vielleicht auch erst mal angegriffen, aber du reagierst nicht einfach blind mit einem Gegenangriff, einer Selbstbeschuldigung oder Rechtfertigung, sondern ziehst die Reißleine am Giraffenfallschirm! Du atmest tief durch und kommst erst einmal zu dir! Du erinnerst dich daran, wie du dich mit deinen lebendigen Gefühlen und Bedürfnissen auf konstruktive Art verbinden kannst.

Dann wird dir vielleicht klar:
»Ich bin betroffen, weil mir daran liegt, dass alle zu Wort kommen und ihre Ideen einbringen können!«
Du hörst mit Giraffenohren und wendest sie einfühlsam nach innen an.

Und wenn du selbst ganz im Frieden mit deinem Verhalten bist, kannst du deine Giraffenohren auch direkt einfühlsam nach außen richten. Du empfindest deine Kollegin als einen Mitmenschen, der sich um seine Bedürfnisse kümmert und hörst ihren Satz als einen ungelenken Ausdruck ihrer Gefühle und unerfüllten Bedürfnisse. Du bleibst souverän und fragst dich einfühlsam:

Was fühlt sie wohl gerade? Was braucht sie vielleicht gerade?

»Bist du unzufrieden, weil du selbst gerne etwas beitragen wolltest?« Vielleicht antwortet sie:

»Ja, herrje! Ich hatte so eine Superidee und kam gar nicht durch, weil du immer so schnell bist!

Oder:

»Nein eigentlich nicht. Es fühlt sich bloß so doof an, immer nur wortlos daneben zu sitzen.«

… und schon tanzt du mit ihr in Giraffen- und Wolfsschritten weiter …

Die innere Haltung macht die Musik

»Wir erleben den natürlichen Zauber einer Begegnung, wenn wir lernen, anderen Menschen so zu begegnen, als würde ein Teil von uns selbst nach Hause kommen.« STEPHAN LUDWIG

Ich kann also entweder:

- nicht einfühlsam reagieren, d.h. mit meinen Wolfsohren hören oder
- einfühlsam reagieren, d.h. mit meinen Giraffenohren hören

mit diesen Ohren kann ich mich in zwei Richtungen wenden:

- nach innen zu mir selbst oder
- nach außen zum anderen.

Damit habe ich insgesamt vier innere Haltungen zur Auswahl:

1. Wolfsohren nach außen – entspricht der Haltung: »Mit dir ist etwas nicht okay!«
2. Wolfsohren nach innen – entspricht der Haltung: »Mit mir ist etwas nicht okay!«
3. Giraffenohren nach innen – entspricht der Haltung: »Was fühle ich? Was brauche ich?«
4. Giraffenohren nach außen – entspricht der Haltung: »Was fühlst du? Was brauchst du?«

Der erste Schritt auf dem Weg liegt genau wie beim Sprechen darin, mir diese verschiedenen Möglichkeiten überhaupt bewusst zu machen!

Dabei entdecke ich dann vielleicht, dass in bestimmten Situationen oder mit bestimmten Menschen meine Wolfsohren wie angewachsen sind und in anderen meine Giraffenöhrchen sich wie von alleine aufrichten. Genau wie beim Sprechen erfordert es ein wenig Übung, diese Wahl bewusst zu steuern.

1. Wahrnehmungsmöglichkeit
Wolfsohren nach außen – Innere Haltung »Mit dir ist etwas nicht okay!«

Hier bin ich mit meiner Aufmerksamkeit beim anderen und sage ihm in vielfältigen Variationen, was mit ihm nicht in Ordnung ist, was er falsch macht, wer Recht hat (ich natürlich!) und wer Unrecht (er natürlich!). Ich be- und verurteile, beschuldige etc.

Ich glaube dann Dinge wie: »Ich muss mich wehren! Das hat der sich selbst zuzuschreiben! Ich werde angegriffen, also muss ich mich verteidigen. Das muss ich mir nicht bieten lassen!«

Meine Wolfsohren hören: Angriff! und mein Wolfsdenken knurrt sofort: Du bist nicht okay! Ich beantworte diesen Angriff meistens blitzschnell und ohne jede bewusste Entscheidung ebenfalls wölfisch – nämlich mit einem Gegenangriff. Damit gebe ich dem Konfliktkarussell weiteren Schwung.

2. Wahrnehmungsmöglichkeit
Wolfsohren nach innen – Innere Haltung »Mit mir ist etwas nicht okay!«

Damit stimme ich der Bemerkung des anderen zu. Ich habe meine Wolfsohren mir selbst gegenüber geöffnet und mein innerer Wolf knurrt mich selbst an: »Ja, genau! Der hat wirklich Recht! Ich bin nicht okay. Das habe ich mir auch schon selber oft genug gesagt!« Ich beschuldige mich selbst oder rechtfertige mich.

Der Wolf, der in der ersten Variante aus der Haltung »Du bist nicht o.k.!« nach außen gebissen hat, wird jetzt zum inneren Angreifer. Mit diesem Denken bin ich sowohl Wolf als auch Opferschaf und fühle mich klein, hilflos und elend. Im Kapitel über Schuld komme ich darauf noch zurück.

Wenn diese innere »Ich bin nicht okay«-Haltung stark ausgeprägt ist, kann jemand zu mir sagen: »Du siehst zauberhaft aus in deinem neuen Kleid!« und ich reagiere darauf innerlich mit Sätzen wie: »Oh je, der denkt sicher, dass ich sonst zu wenig auf mein Äußeres achte! Ich sollte mich mehr um meine Kleidung kümmern!«
Hast du derartige Selbstgespräche bei dir schon einmal belauscht?

3. Wahrnehmungsmöglichkeit
Giraffenohren nach innen – Innere Haltung:
Was fühle ich? Was brauche ich?

Diesmal bin ich ebenfalls emotional persönlich betroffen. Doch hier meistere ich meinen inneren Aufruhr mit dem Giraffenfallschirm und – ent-schleunige. Ich entspanne mich, halte inne und entgehe der Gefahr, automatisch ins Wolfskarussell einzusteigen. Ich erinnere mich daran, dass ich die Wahl habe und dass dieser andere Mensch nur versucht, seinen Bedürfnissen Geltung zu verschaffen, auch wenn das, was er sagt, gerade überhaupt nicht danach klingt. Ich wende mich nach innen, um wohlwollend und mit der Schubkraft meiner Gefühle meine gerade unerfüllten Bedürfnisse zu finden.

4. Wahrnehmungsmöglichkeit

Giraffenohren nach außen – Innere Haltung: Was fühlst du? Was brauchst du?

Ich kann das Ganze auch völlig gelassen nehmen, wenn ich innerlich ganz in der Haltung verankert bin, dass alles, was ein Mensch sagt und tut, seinen Bedürfnissen dient. Mein Gegenüber macht mich nicht nieder, sondern ist darum bemüht, etwas von sich mitzuteilen und für seine Bedürfnisse zu sorgen. Aus dieser Haltung heraus brauche ich seine Bemerkungen nicht persönlich zu nehmen, sondern richte meine Aufmerksamkeit darauf, was er wohl gerade fühlt und braucht.

Es ist wie beim Aikido: Durch meine zentrierte innere Haltung gleitet seine »Attacke« an mir vorüber. Ich bleibe ihm zugewendet, ohne von seinem »Angriff« erschüttert zu werden. Ich kann ihm meine unvoreingenommene Aufmerksamkeit schenken und ihn dabei unterstützen, ebenfalls »zu sich« zu kommen und sich seiner eigenen Gefühle und Bedürfnisse bewusst zu werden.

In längeren Gesprächen können wir auch durchaus zwischen diesen verschiedenen »Ohren« und »Richtungen« hin und her wechseln.

In einer idealen Welt, im voll verwirklichten Giraffenutopia, bräuchten wir nichts mehr zu übersetzen. Wir würden die Worte eines anderen überhaupt nicht mehr als »Vorwürfe« oder »Unterstellungen« wahrnehmen. Wenn ich beständig, kraftvoll und souverän in meiner herzlichen Selbsteinfühlung verankert bin und meine Deutungssysteme entsprechend transformiert habe, höre ich in allem, was ein anderer zu mir sagt, eine Mitteilung über seine Gefühle und Bedürfnisse.

Solange wir jedoch so sind, wie wir nun mal sind und in dieser Welt leben, wie sie nun mal ist, bietet uns diese Übersetzungsfunktion der Gewaltfreien Kommunikation ein geniales Werkzeug! Sie hilft uns, den Interpretationen und Unterstellungen der Wolfswelt autonomer zu begegnen, indem wir sie in die Sprache der Gefühle, Bedürfnisse und Bitten übersetzen.

Die Vier Schritte

Der »Vier Schritte«-Prozess

Frieden bedeutet nicht bloß Abwesenheit von Krieg; er ist kein Zustand.
Wir müssen Frieden führen, und zwar ebenso wachsam, wie wir Krieg führen. Der XIV. Dalai Lama

Die Vier Schritte sind eine Form, in der unsere Einfühlsamkeit zum Ausdruck kommen kann. Die vorgegebene Struktur hilft uns dabei, neue und lebendigere Ausdrucksformen zu lernen und die wohlwollende innere Haltung zu üben, aus der die Giraffensprache erwächst. Denn ihre Wirkung entfalten unsere Worte erst durch die Herzenskraft und Präsenz, mit der wir sie füllen – nicht durch die technisch richtige Anwendung!

Bis zur vollständigen Verwirklichung der Vision eines einfühlsamen Miteinanders unter den Menschen sind wir natürlich in beiden Welten zu Hause – wir können auf den verschlungenen Pfaden im Wolfslabyrinth wandern und uns in der Giraffenvision verankert bewegen. Doch von nun an haben wir die Freiheit der Wahl – und können immer beschwingter mit Wolf und Giraffe »Freestyle« tanzen.

Im folgenden Beispiel, einem Konflikt mit meinem Sohn Leander, gehe ich die Vier Schritte konkret durch und erläutere dabei ihre Besonderheiten.

Sturmfreie Bude

Mein Sohn Leander wollte seinen 16. Geburtstag mit einer Party feiern. Am liebsten in »sturmfreier Bude« und mit einigen Übernachtungsgästen. Ich hatte gewisse Bedenken. Nach einem ausgiebigen Gespräch war ich unter zwei Bedingungen einverstanden: Die anderen Eltern wissen, dass ich nicht zu Hause bin und nur seine drei besten Freunde übernachten hier. Gemeinsam beratschlagten wir den Ablauf und die Organisation des Events: Schwimmen gehen zum Auftakt, Grillen in unserem Garten, Besuch im »Gambrinus«, der Disco, in die er jetzt mit seinen stolzen 16 Jahren offiziell hinein durfte, Rückkehr zu später Stunde und Übernachtung mit seinen drei Freunden. Leander verfasste am Computer entsprechende Einladungen.

Drei Tage vor dem großen Ereignis klingelt das Telefon. Eine Mutter bedankt sich für die Einladung und schließt mit den Worten: »Aber bitte nehmen Sie es uns nicht übel, wir werden unsere

Tochter um Mitternacht abholen! Wir wollen nicht, dass sie dort übernachtet!«

Erst bin ich überrascht.
Dann spült eine Energiewelle durch meinen Körper und die »Wölfe« meines bewertenden und interpretierenden Verstandes beginnen zu heulen und zu toben:

»Das kann doch wohl nicht wahr sein! Wir haben doch eine Vereinbarung! Klare Absprachen! Ich fühle mich hintergangen – und ausgenutzt! Der macht mir ein X für ein U vor! Solange er etwas von mir will, hat er ein »Ich-kann-kein-Wässerchen-trüben-Gesicht!« Und jetzt das! Ich bin total enttäuscht! Er hat mein Vertrauen missbraucht und doch auch Mädchen zum Übernachten eingeladen! Der hat es ja faustdick hinter den Ohren! Na – die Geburtstagsparty kann er sich jedenfalls abschminken! So läuft das nicht mit mir!«

Mir ist klar: Wenn ich mit dieser Tirade spontan und frisch von der Leber weg auf Leander losstürze, ist unsere durch diese Nachricht ohnehin gerade angeschlagene Verbindung sicherlich ganz im Eimer.

Ich beschließe, vor dem Gespräch mit meinem Sohn mein Wolfsgeheul innerlich in die Vier Schritte zu übersetzen, um mich wieder sicher in meinen lebendigen Kräften zu verankern. Gleichzeitig kann ich damit konkrete Formulierungen für die Eröffnung des anstehenden Gespräches finden, mit denen wir uns auf fruchtbare Weise begegnen können. Ein wesentlicher Grundsatz der Einfühlsamen Kommunikation lautet: »Connection before correction!« Also: Erst die Verbindung herstellen, dann Änderungen erbitten!

Erster Schritt
Beobachtung – Was sehe oder höre ich?
Worauf beziehe ich mich?
statt: Bewertung – Wie bewerte ich das?

Der Unterschied zwischen Beobachten und Urteilen ist wie Atmen und Beißen ELIAS CANETTI

Im ersten Schritt geht es darum, mir den Anlass klar zu machen, der mich gerade irritiert hat. So objektiv wie eine Kamera mache ich mir klar, worauf ich reagiert habe. Damit sich Leander später durch meine Worte nicht angegriffen »fühlt«, achte ich genau darauf, keinen Vorwurf und

keine Bewertung in meine Bestandsaufnahme zu mischen. Eigentlich doch ganz einfach, oder?

»Die Mutter von Lena hat vorhin angerufen und mir die Augen geöffnet!«

Ist das eine Beobachtung?
Jain – denn es ist eine Mischung aus Beobachtung, Missbilligung und Bewertung. Was ist die ganz »nackte Tatsache«, die als Auslöser gewirkt hat?

»Die Mutter von Lena hat mich angerufen und sich für die Einladung bedankt. Sie hat auch gesagt, dass sie nicht wollen, dass ihre Tochter bei der Party hier übernachtet. Sie holen sie um Mitternacht ab.«

Wie schlicht und einfach diese Aussage plötzlich klingt! Mir fällt immer wieder wohltuend die Leichtigkeit auf, die entsteht, wenn ich die persönliche, emotionale Aufladung rausnehme, die als Bewertung, Verurteilung, Drohung etc. mitschwingt!

Dabei hilft es mir, mich daran zu erinnern, dass bei einer reinen Beobachtung kein Widerspruch möglich ist. Jeder nicht persönlich beteiligte Beobachter könnte diesen Satz ebenfalls so sagen.
»Wenn ich sehe / höre …« ist eine klare Sprachformel für meine Beobachtung.

Der bekannte Weisheitslehrer Krishnamurti hat gesagt: »Die höchste Form menschlicher Intelligenz ist, zu beobachten ohne zu bewerten.«
Es braucht allerdings ein wenig Übung!

Zweiter Schritt
Gefühl – Was fühle ich?
statt: Interpretation – Wie deute ich das?

Im zweiten Schritt mache ich mir klar, wie ich mich in Bezug auf diesen Anlass, diese Beobachtung fühle.

Mein innerer Wolf tobt noch mal los: »Ich fühle mich hintergangen! Er hat mein Vertrauen missbraucht! Ich fühle mich in meiner Großzügigkeit ausgenutzt!«

Drücke ich damit aus wie es mir geht? Sicherlich. Allerdings klingt das so, als ob Leander dieses schlechte Befinden in mir verursacht hätte. Dann wäre er die Ursache dafür, dass es mir schlecht geht. In unserer Kultur ist das eine weit verbreitete Vorstellung: Der andere ist für meine Gefühle verantwortlich. Anders in der Gewaltfreien Kommunikation. Hier gehen wir davon aus, dass der andere zwar einen Auslöser liefert, dass die Ursache für meine Gefühle jedoch in meiner inneren Wirklichkeit liegt. Darauf gehe ich im dritten Schritt tiefer ein.

Mit dem Satz »Ich fühle mich hintergangen!«, sage ich im Klartext: »Leander ist ein schlechter Mensch! Er hast mein Vertrauen ausgenutzt und meine Großzügigkeit missbraucht!«

Da ist mir doch glatt meine Giraffenbrille von der Nase gerutscht! Worte wie »übergangen«, »missbraucht«, »hinterangen« nennt die Gewaltfreie Kommunikation »Interpretations-Gefühle«

oder »Pseudo-Gefühle«. Darin vermische ich mein Gefühl mit meiner moralischen Beurteilung des anderen. Im Anhang habe ich eine Liste von solchen häufig vorkommenden »Interpretations-Gefühls-Wörtern« zusammengestellt.

Die Tatsache, dass die Mutter von Lena sagt, dass ihre Tochter hier nicht übernachten wird, interpretiere ich so, dass Leander »mein Vertrauen missbraucht« und »meine Großzügigkeit ausnutzt«. Ich sehe Leander als einen niederträchtigen Ränkeschmied und mich als gutgläubiges Opfer seines Verhaltens.

Meist schwingt bei Worten wie »hintergangen«, »ausnutzen«, »missbrauchen« auch noch eine XXL Portion »Ich bin sauer!« mit. Ärger spielt in Konflikten eine so große Rolle, dass ich ihm im Kapitel: »Frei sprechen statt schwarz ärgern« weiter auf den Grund gehe.

So angesprochen würde Leander in meinen Worten sicherlich einen Vorwurf hören und seine Wolfsrüstung auch hochfahren. Eine direkte, respektvolle Verbindung wird auf diese Weise kaum entstehen!
Wenn mir also in meinem Wolfs-Interpretations-

Automatismus durch den Kopf schießt:»Ich fühle mich hintergangen! Er hat meine Großzügigkeit ausgenutzt!«, ziehe ich die Reißleine meines Giraffenfallschirms! Ich komme zu mir und rufe mir bewusst meine Giraffenperspektive in Erinnerung.

Ich setze meine Giraffenbrille wieder auf!

Damit sehe ich mich und den anderen als zwei gleichwertige Menschen, die bestrebt sind, ihre Bedürfnisse zu erfüllen, und nicht als Feinde, die sich gegenseitig schaden wollen. Ich entkoppele meine Reaktion von Leanders Verhalten und wende mich ganz zu mir, um herauszufinden, was ich fühle. Meine körperlichen Empfindungen können mir dafür wichtige Hinweise geben. Vielleicht wird mir »das Herz schwer«, ein Adrenalinstoß jagt mir durch die Adern oder in meiner Kehle sitzt ein Kloß.

Die Kunst besteht jetzt darin, Gefühls-Worte zu finden, mit denen ich den Schwerpunkt meines Fühlens ganz zu mir selbst lege. So kann ich sagen, dass ich frustriert bin oder bedrückt, ohne dem anderen gleichzeitig zu unterstellen, dass er daran schuld ist. Ich erreiche damit, dass er mir offen zuhören kann, ohne sich zu verteidigen, zu rechtfertigen oder zum Gegenangriff auszuholen.

»Ich bin irritiert, unruhig, ängstlich, erschrocken, traurig« sind solche reinen Gefühls-Worte, mit denen ich von mir spreche, ohne den anderen als Verursacher zu brandmarken. Aber auch »Ich fühle mich berührt, froh, bezaubert, neugierig, wohlgemut.«

Konkret kann das so weitergehen: Ich spüre zu mir hin … lasse meine körperlichen Empfindungen mitklingen …, spüre meinen Aufruhr, spüre, wie ich schlucken muss …, mein Stirnrunzeln … und mir kommen andere Worte in den Sinn:

»Ich bin irritiert, auch verwirrt und unsicher.«

»Ich bin …« oder »Ich fühle mich …« ist die Sprachformel für meine Gefühle.
Und wenn ich den ersten Schritt (Beobachtung) mit dem zweiten Schritt (Gefühl) verknüpfe, klingt das so:

»Wenn Lenas Mutter sagt, dass ihre Tochter an Leanders Geburtstagsparty nicht hier übernachten soll (Beobachtung), bin ich verunsichert und verwirrt (Gefühl).«
Mit dieser Formulierung verbinde ich den beobachteten Auslöser mit meinem Gefühl, das jetzt ganz bei mir ist. Wichtig ist auch das »Wenn« am Anfang des Satzes. Ich drücke damit nur eine zeitliche Verknüpfung aus, keine ursächliche, wie das bei einem »Weil« der Fall wäre. Ich hole die Verantwortung dafür, dass ich mich schlecht fühle, in einer ersten Stufe zu mir zurück.

Noch deutlicher würde ich meine Verantwortung für meine Reaktion zu Leander rüberschieben, wenn ich in meiner Wolfstirade zu ihm sagte:

»Du hast mein Vertrauen missbraucht, weil du auch Mädchen zum Übernachten eingeladen hast!«
Auch dabei sage ich wieder: »Leander, du bist Schuld, dass es mir schlecht geht!«

Mit meiner Giraffenbrille gehe ich jedoch davon aus, dass Leander ganz andere Gründe für sein Verhalten hatte, als mich hintergehen zu wollen! Die Giraffe in mir weiß, dass der andere Mensch sich mit allem, was er tut, eigene Bedürfnisse erfüllen will und es nicht gegen mich geht!

Und wenn ich noch etwas mehr Abstand von meiner ersten emotionalen Betroffenheit gewinne und weiter in meine giraffische Unvoreingenommenheit und mein giraffisches Wohlwollen eintauche, kommen mir sogar ganz andere Fragen in den Sinn: Hatte er unsere Vereinbarung vielleicht anders verstanden als ich? Liegt vielleicht ein Missverständnis vor? Hat er das Mädchen überhaupt eingeladen?

Jedenfalls koche ich schon deutlich auf kleinerer Flamme. Mein innerer Weg führt mich nun zur dritten Etappe, den Bedürfnissen. Die sind das Kernstück der Gewaltfreien Kommunikation.

Dritter Schritt

Bedürfnisse – Was brauche ich?
statt: Strategien – Wie erfülle ich es mir?

Hier liegt ein wichtiger Schlüssel der Gewaltfreien Kommunikation: In der Giraffenperspektive nutze ich meine Gefühle als wirkungsvolle Signale, die mich auf Bedürfnisse hinweisen, die gerade unerfüllt sind. Meine Gefühle sind wie farbige, blinkende Lämpchen, die ihre Leuchtkraft von meinen Bedürfnissen bekommen.

Der Begriff »Bedürfnisse« hat in der Gewaltfreien Kommunikation eine spezifische Bedeutung, die sich von unserer umgangssprachlichen Verwendung unterscheidet. Bedürfnisse im Verständnis der Gewaltfreien Kommunikation sind der

grundlegende Bedarf, den alle Menschen zum Leben brauchen.

Unsere Bedürfnisse sind unabhängig von einer bestimmten Kultur oder Zeit und auch unabhängig von einer bestimmten Person oder einem bestimmten Ort, d.h. sie sind auf einer sehr allgemeinen Ebene angesiedelt. Bedürfnisse in diesem Sinn sind dann z.B. Zugehörigkeit, Sinn, Sicherheit, Schutz, Autonomie, Würde, Individualität, Freiheit, Gleichwertigkeit, Authentizität, Integrität, Sättigung .
Die Art und Weise, wie wir unsere Bedürfnisse erfüllen, ist individuell verschieden. Beispielsweise brauchen alle Menschen Sicherheit. Ob sie dafür eine Haftpflichtversicherung abschließen, beten, mit anderen Menschen in einen konstruktiven Austausch treten oder einen Selbstverteidigungskurs machen, ist abhängig von ihren individuellen Vorlieben. Das sind ihre individuellen Erfüllungsstrategien.

Hier liegt der Drehpunkt, an dem die Wolfswelt in die Giraffenwelt umschlägt. Wenn ich mir diesen Zusammenhang wirklich klar mache, kann ich missbilligen oder sogar hassen, was ein Mensch in einer bestimmten Situation tut, denkt oder fühlt – doch ich missbillige oder hasse nicht sein inneres Wesen, das die gleichen Bedürfnisse hat wie ich selbst! Wie der persische Dichter Rumi sagt: »Es gibt einen Raum jenseits von richtig und falsch, dort begegnen wir uns.«

Das ist der Grund, weshalb wir in der Einfühlsamen Kommunikation viel Zeit und Aufmerksamkeit darauf verwenden, uns darüber klar zu werden, welche Bedürfnisse wir in diesem Augenblick gerade haben. Oft weiß ich erst einmal gar nicht so genau, um welche Bedürfnisse es in einem Konflikt geht.

Bevor ich mich streite, ist es doch sinnvoll, erst einmal meine wirklichen Motive herauszufinden! Manche Bedürfnisse habe ich vielleicht lange unter den Teppich geschoben, andere kenne ich noch gar nicht richtig, wieder andere können leicht in den Hintergrund treten, andere sind unabweisbar drängend.

Je klarer ich meine Bedürfnisse spüre und je verbindlicher ich auf sie antworte, d.h. für ihre Erfüllung sorge, umso weniger »wolfe« ich den anderen!

Und weil ich grundsätzlich die gleichen Bedürf-

nisse habe wie mein Gegenüber, »verstehe« ich den anderen hier ohne Differenz – und unversehens entsteht eine Verbindung! So bauen wir den tragfähigen Boden, auf dem Lösungen wachsen, die die Bedürfnisse aller berücksichtigen!

Im Sinne der Einfühlsamen Kommunikation dienen Bedürfnisse immer dem Leben. Es gibt keine negativen Bedürfnisse. Es gibt z.B. kein Bedürfnis nach Rache. Rache kann eine sehr tragische Strategie sein, mit der jemand seinen Bedürfnissen nach Verständnis und Mitgefühl Geltung zu verschaffen sucht.

Zurück zu unserem Beispiel. Zur Erinnerung: Im zweiten der Vier Schritte habe ich gespürt: »Ich bin irritiert und unsicher!«

Von meinem Fühlen lasse ich mich nun weiterleiten:
Welche Bedürfnisse stehen hinter meiner Unsicherheit und Verwirrung? Was fehlt mir gerade? Was brauche ich? Welche Bedürfnisworte passen? Was ist unerfüllt und macht mit diesen Gefühlen auf sich aufmerksam?
Ich lasse einige Bedürfnisworte Revue passieren

… und achte auf meine innere Resonanz. Brauche ich einfühlsames Verständnis? … Klarheit? … Sicherheit? … Verbindung? … Austausch? Ich spüre: einfühlsames Verständnis brauche ich in erster Linie … dann Verbindung und Klarheit … und auch Sicherheit!

Mein Bedürfnis nach einfühlsamem Verständnis erfülle ich mir gerade selbst, indem ich die Vier Schritte innerlich durchgehe. Ich könnte auch eine Freundin anrufen oder in mein Tagebuch schreiben.

An Leander gewendet könnte mein Satz im Sinne der Vier Schritte so weiter gehen:
»Wenn Lenas Mutter sagt, dass ihre Tochter bei deiner Geburtstagsparty nicht hier übernachten soll (Beobachtung), bin ich irritiert und unsicher (Gefühle), weil ich Klarheit und Sicherheit brauche!«

Ich setze also meinen begonnen Satz mit Formulierungen wie »weil mir … wichtig ist« und »weil ich … brauche« fort.

Ich fühle mich also verwirrt und verunsichert, weil aktuell wichtige Bedürfnisse nicht erfüllt

sind. Dass Lenas Mutter sagt: » ... wir werden unsere Tochter um Mitternacht abholen! Wir wollen nicht, dass sie übernachtet!«, ist der Auslöser. Ihr Satz ist der Zündfunke, der in meiner eigenen, inneren Bedürfniswelt ein Feuer auflodern lässt.
Die Ursache für meine Reaktion liegt also in meiner persönlichen, inneren Realität. Ein anderer Mensch könnte in der gleichen Situation anders reagieren.
»Ich bin ... (Gefühl), weil ich ... brauche/weil mir ... wichtig ist!« (Bedürfnis), ist eine Sprachformel, die mich von meinem Fühlen zu meinen momentanen Bedürfnissen bringt.

Im vierten Schritt, der Bitte, geht es darum, auf welche ganz konkrete Weise ich nun meine Bedürfnisse zur Geltung bringen möchte.

Vierter Schritt
Bitten – Kannst du bitte ...?
statt: Forderung – Du musst, sonst ...!

Mit den ersten beiden Schritten habe ich den Boden vorbereitet. Indem ich meine Beobachtung, mein Gefühl und meine Bedürfnisse ge-

klärt habe, weiß ich, worauf ich reagiere, was ich spüre und was ich brauche.
Mit meiner Bitte bringe ich meine Bedürfnisse aus ihrer allgemeinen, luftigen Höhe »auf die Erde«.

Hier sind Kreativität und Findigkeit gefragt. Was kann der andere (oder ich selbst!) hier und jetzt ganz konkret tun, um meinen Bedürfnissen entgegenzukommen? Und natürlich auch seine eigenen zu erfüllen. Denn im Sinne der Einfühlsamen Kommunikation erfüllt der andere meine Bitte, weil es seinem eigenen Bedürfnis entspricht, zum Beispiel seinem Bedürfnis nach Kontakt, Harmonie, Verständigung etc.

Ich möchte nicht, dass er meine Wünsche aus Schuld, Scham, Angst oder Verpflichtung erfüllt, z.B. weil er befürchtet, dass unsere Verbindung sonst leidet oder er mit Sanktionen rechnen muss. Er ist gebeten meine Bitte nur zu erfüllen, wenn er das aus freien Stücken gerne möchte, einfach weil es das Leben bereichert – meines und seines.

Das unterscheidet eine Bitte von einer Forderung: Der andere kann ablehnen, ohne Angst vor Strafe. Ich gehe dann davon aus, dass sein »Nein!« ein »Ja!« zu etwas anderem ist, was ihm gerade wichtiger ist. Außerdem ist meine Bitte verhandlungsfähig. Sie ist ein erster Vorschlag, eine Anfrage, die sich im weiteren Austausch verändern kann, und eben keine Forderung.

Welche Bitte kann ich für meine Bedürfnisse nach Verbindung, Klarheit und Vertrauen äußern?
Mein erstes Bedürfnis nach Einfühlung erfülle ich mir gerade selbst. Ich verbinde mich durch den Vier-Schritte-Prozess mit dem, was wirklich gerade in mir vor sich geht. Da steckt meine Lebendigkeit, da kann ich sie wieder zum Vorschein holen. Und damit schaffe ich gleichzeitig eine fruchtbare Grundlage, um sie auch im Austausch mit Leander zur Geltung zu bringen.

Zu welcher Bitte bringt mich mein Bedürfnis nach Verbindung?
Vielleicht: »Sobald Leander nach Hause kommt bitte ich ihn um ein Gespräch!«
Oder: »Im Anschluss an meinen Selbsteinfühlungsprozess vollziehe ich einen Einfühlungsprozess in Leander.« Das bedeutet, ich beschäftige mich innerlich in den gleichen Vier Schritten damit, was in ihm wohl los ist.
Dann war da noch das Bedürfnis nach Klarheit, und zwar Klarheit auf der Sachebene und auf der Beziehungsebene! Auf der Beziehungsseite des Themas geht es um Fragen wie: Wie zuverlässig ist meine Verbindung zu Leander? Wie sieht es mit dem Vertrauen zwischen uns aus? Bei der sachlichen Seite des Themas geht es darum: Wer

ist eingeladen? Wie ist es zur Aussage der Mutter gekommen? Wer übernachtet?

Mit meiner Bitte um ein Gespräch öffne ich die Pforten zu beiden Bereichen. Die Erkenntnis, dass es in einer Auseinandersetzung parallel um die Sachebene und um die Beziehungsebene gehen kann, war ein Meilenstein auf meinem Giraffenweg!
Besonders im Umgang mit meinen Kindern wurde mir deutlich, wie zäh unsere Verständigung manchmal war, weil wir über die Sachebene redeten, während es eigentlich gerade auf der Beziehungsebene zwischen uns klemmte!

Wir haben dann z.B. darüber diskutiert, ob, wann oder wie oft wir unseren Rasen mähen. Der Zustand des Rasens hatte mit dem Bedürfnis nach Ordnung, Struktur und Ästhetik zu tun. Darüber waren wir uns einig. Doch gleichzeitig spielte bei den Kindern das Bedürfnis nach Autonomie eine sehr wichtige Rolle. Erst als uns das bewusst wurde und wir es anerkannten, fanden wir konstruktive Lösungen!
Sehr wichtig ist also beim Einfühlungsprozess, das wirklich relevante Bedürfnis herauszufinden!
Spätestens wenn die Erfüllung der Bitte keine

rechte Erleichterung oder Freude hervorruft, weiß ich, dass wir nicht erkannt haben, um welches Bedürfnis es hier eigentlich ging.
Eine Bitte hat beste Aussichten auf Erfolg, wenn ich um eine ganz konkrete im Hier und Jetzt erfüllbare und überprüfbare Handlung bitte!
Bei sachlichen Lösungen ist das naheliegend, doch dieser Grundsatz gilt auch, wenn es um die Beziehungsebene geht!

Sonst bleibt es bei »frommen Wünschen« wie: »Ich möchte, dass du mich verstehst!«, oder »Bitte, sei nicht so empfindlich!« Der Frust ist vorprogrammiert. Der andere sagt dann vielleicht: »Dich verstehen? Ich verstehe dich doch!«

Und schon gibt es eine neue Meinungsverschiedenheit. Also könntest du dich fragen: An welchem Verhalten würdest du merken, dass er dich versteht? Zum Beispiel indem er dir sagt, was er gerade gehört hat? Vielleicht hast du ja noch nicht die Worte gefunden, die ihn erreichen und dieses Feedback hilft dir zu erkennen, wo das Missverständnis liegt.

In meinem inneren Selbstgespräch sage ich mir: »Ich bitte Leander gleich, sich mit mir für eine halbe Stunde hinzusetzen. Ich möchte ihm von diesem Telefonat erzählen und möchte gern hören, was er dazu sagt!«

Und zur Gesprächseröffnung mit Leander sage ich dann:

»(Beobachtung:) Heute Morgen hat Lenas Mutter angerufen. Sie hat gesagt, dass Lena bei deiner Party nicht hier übernachten wird. (Gefühle:) Jetzt bin ich betroffen und verwirrt, weil ich Klarheit und Sicherheit brauche. (Bedürfnisse:) Ich möchte mich gern mit dir jetzt für eine halbe Stunde hinsetzen und darüber sprechen, geht das?«

Gesagt getan. Wir hatten ein ausgesprochen fruchtbares Gespräch mit für mich teilweise sehr überraschenden Wendungen. Leander hatte eine andere Erinnerung an unsere Vereinbarung, nämlich dass sechs Gäste hier übernachten dürften, egal welche. Darüber hinaus hatte ihn ein Mädchen gebeten, auf ihre Einladung handschriftlich den Zusatz »Mit Übernachtung« zu setzen, um zu Hause ein Alibi zu haben. Sie hatte aber gar nicht vor, hier zu übernachten, sondern ganz eigene Pläne.

In unserem intensiven Austausch wurde uns beiden klar, dass diese Geburtstagsparty viel

komplexere Zusammenhänge hatte, als ich und auch Leander vorausgesehen hatten. Das führte schließlich dazu, dass ich mit allen Eltern noch einmal telefonierte und viele lebendige Verbindungen entstanden.
Schließlich feierte Leander seine Party. Sie wurde ein voller Erfolg und er merkte über die Freude und den Spaß hinaus, wie viel Arbeit es ist, Gastgeber zu sein.

Dieser gemeinsam durchlebte, offene Austauschsprozess war ein wichtiger Meilenstein in meiner Beziehung zu meinem Sohn, die dadurch an Tiefe gewonnen hat. Und es war eine weitere Ermutigung, Wolfsgeschenke beherzt an- und auszupacken, im Vertrauen darauf, dass darin herzliche Früchte eingewickelt sind!

Anmerkung:
Die Giraffenhaltung und ihre Sprache erscheinen uns vielleicht zunächst fremd. Wenn wir anfangen, unsere Erfahrungen in den Vier Schritten auszudrücken, kann uns das erst einmal etwas umständlich und künstlich vorkommen. Bitte lass dich davon nicht abschrecken!
Indem wir uns zunächst an diese sehr klare Form halten, gewinnen wir Sicherheit darin,

- wirklich nur unsere Beobachtungen auszudrücken, ohne Bewertungen hineinzumischen,
- unsere Gefühle zu äußern, ohne das Verhalten des anderen zu interpretieren,
- unsere Bedürfnisse zu klären, ohne sie mit Wegen, wie wir uns diese erfüllen, zu verwechseln
- und zu guter Letzt konkrete Bitten zu formulieren, keine Forderungen oder »frommen Wünsche«!

Checkliste der Vier Schritte

Die folgende kurze Zusammenfassung kann als praktischer Leitfaden für die konkrete Anwendung dienen.

1. Den Auslöser beschreiben, Beobachtung des Ereignisses, des Anlasses.
Wo bin ich, wo ist der andere »eingerastet«?
Was habe ich, was hat der andere gesehen, gehört, gedacht, gespürt, erinnert, phantasiert, was mich, was ihn veranlasst, dieses Gespräch zu suchen?

2. Welche Gefühle sind in jedem von uns gerade lebendig?
Zum Beispiel: ich fühle mich … ängstlich, traurig, frustriert, unzufrieden, angespannt, unruhig oder auch neugierig, bezaubert, froh, glücklich, berührt …

3. Welche meiner Bedürfnisse sind die Quelle dieser Gefühle?
Zum Beispiel: ich brauche Sicherheit, Zugehörigkeit, Autonomie, Individualität, Sinn, Freiheit, Würde, Gleichwertigkeit, Verbindung, Verständnis …

4. Was genau möchte ich tun oder was möchte ich, dass jemand anderer hier und jetzt ganz kon-

kret tut, was diesen persönlichen Bedürfnissen entgegenkommt?
Zum Beispiel: einfühlsam zuhören, zustimmen, nachdenken, antworten, handeln …

Dabei das Hören nicht vergessen:
Wolfsohren hören Angriffe, Vorwürfe, Beschuldigungen, Bewertungen. Der Wolf in mir reagiert mit Gegenangriff oder Schuldgedanken.
Giraffenohren hören Mitteilungen über Gefühle und Bedürfnisse – meine eigenen und die der anderen.

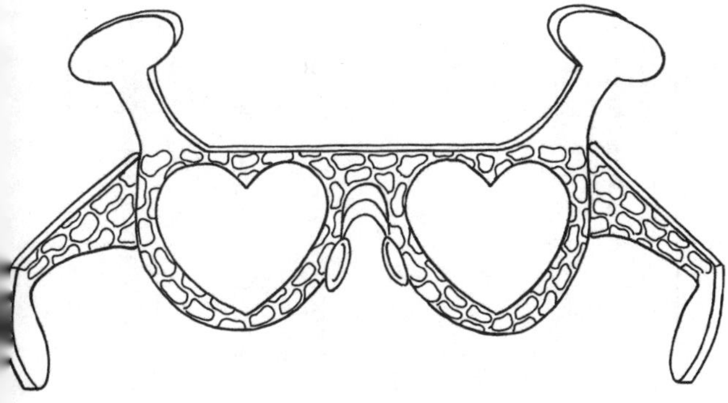

Auf den nächsten vier Seiten findest du noch mehr Beispiele mit Giraffenübersetzung.

1. Schritt – Beobachtung ohne Bewertung
Wie beschreibe ich eine Tatsache?

So ist meine Wahrnehmung mit meiner Bewertung vermischt:	*So beschreibe ich nachprüfbare Tatsachen:*
Das ist ja bescheuert!	Du sagst, wir können zu zwölft mit deinem Auto fahren …
Du bist ein Egoist!	Wenn ich sehe, dass du für dich den Tisch deckst und nicht für die anderen …
Der hat wohl eine Logorrhoe!	Der Meier redet seit 15 Minuten ohne Pause und Susanne sagt nichts.
Meine Nachbarin keift den ganzen Tag!	Meine Nachbarin redet morgens, mittags und abends so laut, dass ich sie in meinem Arbeitszimmer höre.
Die Kinder sind die reinen Nervensägen!	Die Kinder spielen seit heute Morgen Fußball.

2. Schritt – Gefühl statt Interpretation
Wie übernehme ich Verantwortung für meine Gefühle?

So vermische ich mein Gefühl mit meiner Interpretation darüber, wie du dazu beiträgst, dass ich es habe:	*So benenne ich mein Gefühl ohne Interpretation und Bewertung:*
Ich fühle mich verarscht!	Ich bin irritiert, weil ich im Umgang mit anderen Menschen Wahrhaftigkeit brauche.
Ich bin von deinem Gerede völlig überwältigt!	Ich bin erschöpft und brauche erst mal eine Pause.
Ich fühle mich übergangen	Ich bin verzweifelt, weil ich mehr Unterstützung brauche.
Ich fühle mich von Ihnen ignoriert.	Ich bin unsicher, weil ich gerne beachtet werden möchte.
Ich hab das Gefühl, du verträgst keine Kritik!	Ich bin frustriert, weil ich mehr Mitgefühl brauche.

3. Schritt – Mein Bedürfnis hinter dem Gefühl
Wie übernehme ich die Verantwortung für meine Bedürfnisse?

So vermeide ich den Kontakt zu meinen Bedürfnissen (»Wolfssprache«):	*So sehe ich es als Signal für meine dahinter liegenden Bedürfnisse. Damit übernehme ich Verantwortung für meine Gefühle und für meine Bedürfnisse:*
Ich bin traurig, weil sie mich verlassen hat.	Ich bin traurig, weil mir Zugehörigkeit und Verbindung fehlen.
Ich bin unruhig, weil sie nichts von sich hören lässt.	Ich bin unruhig, weil ich Kontakt und Sicherheit brauche.
Ich fühle mich von dir im Stich gelassen!	Ich bin verzweifelt, weil ich mehr Unterstützung brauche.
Ich bin genervt, weil du so lange rumtrödelst.	Ich bin genervt, weil ich über meine Zeit selbst bestimmen möchte.
Ich habe Angst, weil du so brüllst!	Ich habe Angst und brauche Sicherheit.

4. Schritt – Bitten statt Wünschen oder Fordern
Wie äußere ich eine Bitte, die der andere mit gutem Gefühl erfüllen kann?

So äußere ich einen allgemeinen Wunsch oder eine versteckte Forderung:	*So bitte ich um eine konkrete Handlung, die im Hier und Jetzt überprüfbar ist:*
Bitte respektiere meine Privatsphäre!	Bitte klopfe an, bevor du in mein Zimmer kommst, wäre das möglich?
Bitte seien Sie doch etwas aufmerksamer!	Bitte machen Sie die Tür leise zu. Okay?
Hör mir endlich zu!	Kannst du mir bitte sagen, was du gehört hast?
Bitte halte im Haus mehr Ordnung!	Kannst du die Sachen, die du in der Küche benutzt hast, bitte gleich wegräumen?
Ich möchte ebenbürtig behandelt werden!	Ich bitte dich, das Honorar 50/50 zu teilen.

Wenn die Giraffe mit dem Wolf tanzt

Aufs Tanzparkett

Wirf deine Schuhe weg und tanz
Lass die Musik deinen Körper erobern
und deine Seele
Schließe die Augen und träume
Tanze und träume und tanze die Liebe
Tanze und träume und tanze das Leben
Tanze und tanze und tanze OMAL

Ein Gespräch ist eine unvorhersehbare »live«-Begegnung zwischen Menschen. Die Vier Schritte wirken dabei als ein Netz, das uns mit den lebendigen Kräften in uns selbst verbunden hält, und die innere Haltung der Einfühlsamkeit ist das wärmende Sonnenlicht, das die Nebel unserer automatischen Kommunikations-Hindernisse immer wieder auflösen kann.

Das Abendessen
Es ist abends kurz nach acht. Das Telefon klingelt bei Tina. Sie geht dran. Es ist ihr Partner Tom. Die beiden waren für diese Zeit zum Abendessen verabredet, das Tom zu Tina mitbringen wollte. Tom: »Ich bin noch zu Hause. Du kannst ja schon mal etwas essen. Ich brauche noch ein bisschen und komme dann so gegen neun!«

Variante 1
Tina und Tom im Wolfskarussell

Hier kommt noch einmal ein Beispiel für eine geballte Ladung Wolfsdialog, wie er sich so oder ähnlich alltäglich tausendfach abspielt.

Tina: »Was? Du hast doch heute Mittag vorgeschlagen, dass du auf dem Weg vom Büro beim Thailänder vorbeifährst und etwas zum Abendessen mitbringst! Heute fängt doch unser langes Wochenende an!«

Tom: »Hab ich das? Hm. Tja. Jetzt wo du es sagst erinnere ich mich dunkel. Meine letzte Sitzung ist ausgefallen. Jedenfalls bin ich jetzt zu Hause und habe auch schon was gegessen.

Tina: »Hey! Das finde ich ja jetzt total bescheuert! Du hast das doch selbst vorgeschlagen! Und jetzt willst du keine Ahnung mehr haben? Das finde ich echt unglaublich!«

Tom: »Mach doch nicht aus jeder Mücke gleich wieder einen Elefanten! Musst du das so dramatisieren?«

Tina: »Ich dramatisiere überhaupt nichts! Erst rufst du zu der Zeit an, wo du eigentlich hättest hier sein sollen, und sagst ›Kannst ja schon mal was essen‹, statt wie verabredet unser Essen mitzubringen, und dann soll ich mich darüber nicht aufregen! Das ist doch wirklich die Höhe! Von

mir aus kannst du gleich bleiben wo der Pfeffer wächst!«
Tom: »Ach rutsch du mir doch den Buckel runter! Weißt du überhaupt, wie oft ich mich schon umstellen musste, weil sich bei dir etwas kurzfristig verändert hat? Kannst du nicht einfach mal entspannt sein? Sonst ist der Abend schon wieder gelaufen, bevor er angefangen hat. Und das Wochenende gleich dazu!«

In einer derartigen sich wölfisch aufschaukelnden Dialog-Spirale gibt es in jedem Moment die Möglichkeit, dass Tina oder Tom oder beide gleichzeitig in den Giraffentanz wechseln, statt auf Wolfspfoten weiter umeinander zu hecheln!

Entscheidend ist, dass einer aus dem automatisierten Kreiseln »aufwacht« und die Reißleine am Giraffenfallschirm zieht! Ich stelle drei Variationen vor, wie dieses Gespräch anders hätte verlaufen können.

Variante 2 – Tina als Giraffe

Wenn Tina mit der Giraffensprache vertraut ist, Tom hingegen davon keine Ahnung hat, könnte die Situation sich so entwickeln:
Tom: »Ich bin noch zu Hause. Du kannst ja

schon mal etwas essen. Ich brauche noch ein bisschen und komme dann so gegen neun!«
Tina stolpert über Toms Satz: »Du kannst ja schon mal etwas essen!« Doch bevor alte, automatisierte Gedankenschleifen von ihr Besitz ergreifen können, erinnert sie sich, dass sie eine Alternative hat.
Tina: »Tom, gib mir mal einen Augenblick Zeit. In mir tanzen gerade die Wölfe und ich möchte mir erst mal klar werden, was hier in mir gerade wirklich los ist.«

Tina besinnt sich auf ihre Checkliste zu den Vier Schritten und fragt sich: Was hat in mir gerade als Auslöser gewirkt? Worauf reagiere ich? Was habe ich ganz konkret gehört? Und wie fühle ich mich? Und aufgepasst, dass ich keine Unterstellungen in mein Gefühl mische, sonst verstricke ich »meine Welt« mit »seiner Welt« und nehme mich selbst nicht deutlich wahr! Welche meiner Bedürfnisse sind gerade unerfüllt? Und was kann ich oder Tom oder jemand anderer tun, damit diese Bedürfnisse jetzt berücksichtigt werden?
Sie wendet sich nach innen und spürt, dass sie irritiert ist, weil sie eine ganz andere Vorstellung hatte. Sie hatte sich darauf eingestellt, Sicherheit, Stabilität, Ruhe und Freude zu erfahren. Und sie

ging davon aus, dass sie eine Verabredung hätten und Tom etwas zum Essen mitbringen wollte. Ihr Bedürfnis nach Verbindlichkeit und Integrität ist nicht erfüllt. Sie merkt auch, dass sie traurig wird, weil ihr jetzt die Nähe und der gemeinsame kulinarisch inszenierte Einstieg ins Wochenende fehlen. Da gab es also auch das Bedürfnis nach Gemeinsamkeit und etwas Besonderem. Jetzt kann sie mit Tom weiter reden.

Tina:» Okay, Tom, wenn du mir gerade am Telefon sagst »Du kannst ja schon mal etwas essen« (Auslöser, Beobachtung), bin ich verunsichert und betrübt (Gefühl), weil jetzt der Abend ganz anders läuft, als ich es mir vorgestellt hatte (Bedürfnis nach Sicherheit, Stabilität, Ruhe, Freude). Und ich bin irritiert (Gefühl), weil mir Klarheit und Verbindlichkeit wichtig sind (Bedürfnis).

Ich habe in Erinnerung, dass wir uns für heute

Abend zum Essen verabredet haben und dass du etwas vom Thailänder mitbringen wolltest. Bitte sage mir, ob du das auch so in Erinnerung hast? (Bitte)«

Tom: »Ach so?! Na ja, jetzt wo du es sagst ... irgendetwas dämmert mir da entfernt. Aber ich kann doch nichts dafür, wenn sich meine Termine verändern (Verantwortung leugnen). Meine letzte Sitzung ist ausgefallen und ich bin noch einmal nach Hause gefahren. Ich hätte also sowieso nicht mehr beim Thailänder vorbeifahren können (Verantwortung leugnen). Für mich war unsere Verabredung auch nicht so verbindlich (Verharmlosen).«

Tina merkt an Toms sich verteidigenden, »wölfischen« Reaktionen, dass er ihre Mitteilung trotz »lupenreiner Giraffensprache« als Vorwurf auffasst. Er hört mit seinen Wolfsohren.

Vermutlich belastet ihn innerlich gerade ein Wolfsstolperstein, indem er denkt, dass Tina ihm die Schuld gibt, auch wenn sie das gar nicht gesagt hat. Gleichzeitig drückt er nicht direkt aus, wie er sich fühlt oder was er braucht. Er ist nicht mit seinen Gefühlen und Bedürfnissen verbunden.

Tina hat durch ihre Selbsteinfühlung und ihre ersten Sätze Boden unter die Füße bekommen. Sie nimmt seine Äußerung gelassen auf und weiß, dass er in dieser Verfassung nicht wirklich hören kann, was sie sagt. Deshalb beschließt sie, zunächst eine Brücke zu Tom zu bauen und ihn darin zu unterstützen, hinter seinen Verbindungsbarrieren hervorzukommen.
Sie orientiert sich wieder an der Checkliste der Vier Schritte und fühlt sich daran entlang in das ein, was in Tom gerade vor sich geht. Um ihm zu erleichtern, seine Gefühle zu spüren und seinen Bedürfnissen auf die Spur zu kommen, fragt sie mit ganz konkreten Fragen nach. Dabei ist nicht einmal wichtig, dass sie gleich »ins Schwarze« trifft. Sie vermutet einfach, was los sein könnte. Schon ihr aufmerksames Interesse enthält so viel wohlwollende Einladung, dass Tom sich entspannt.

Tina: »Tom, das klingt so, als ob du fürchtest, dass jetzt unser ganzes Wochenende vermiest ist. Stimmt das?« (Bedürfnis nach Freude, Harmonie, Einvernehmen)
Tom: »Ja, ein bisschen! Ich möchte gerne eine schöne Zeit mit dir verbringen!
Tina: »Und kann es sein, dass du ein bisschen ver-

unsichert bist, weil ich jetzt sauer sein könnte?« (Bedürfnis nach Verbindung) Tom wird selbst neugierig und fängt an bei sich nachzuspüren. So entsteht ein gemeinsamer Forschungsprozess.

Tom: »Ja! Damit fühle ich mich nicht gut! Ich habe so ein mulmiges Gefühl!«

Nachdem ein erster Verbindungsfaden mit Gefühlen und Bedürfnissen geknüpft ist, möchte Tina klären, wo ihrer beider Differenz im Verständnis der Situation liegt.

Tina: »Tom, ich bin mir sicher, dass du das nicht aus Lieblosigkeit gemacht hast. Aber ich möchte klären, ob ich dich richtig verstanden habe: Für dich war unsere Verabredung eher eine Möglichkeit und keine verbindliche Vereinbarung?«
Tom: »Ja, stimmt!«
Tina: »Und außerdem haben sich deine Bedingungen verändert, die dich vorher auf die Idee mit dem Thailänder gebracht hatten?«
Tom: »Ja, genau! Ganz kurzfristig! Deswegen bin ich wohl auch durcheinander gekommen.«

Die Verbindung wird kraftvoller, der Giraffenweg liegt offen vor den beiden. Tina erforscht weiter, welche Gefühle und Bedürfnisse Tom bewegen. Dabei hat sie immer die Vier Schritte als Orientierung im Hinterkopf.

Tina: »Und es klingt, als wärest du auch überrascht darüber (Gefühl), wie verschieden unsere Vorstellungen waren, weil dir die harmonische Verbindung zwischen uns wichtig ist?« (Bedürfnis nach Harmonie und Verbindung)
Tom: »Ja, genau. Natürlich ist mir wichtig, dass wir uns gut verstehen (Bedürfnis nach Verbindung, Harmonie). Mir war vorhin ganz schön mulmig, als du gesagt hast, dass in dir die Wölfe tanzen. Dass du dich mir jetzt so zuwendest, erleichtert mich sehr!«
Tina: »Ja, ich freue mich auch, dass wir wieder Kontakt haben!«
Tom: »Ich bedauere sehr, dass unser Wochenend-Einstieg erst mal mit einer Hürde angefangen hat!«
Tina: »Ja, ich auch. Leichtigkeit und Fluss mit dir sind mir so wichtig!«
Tom: »Und ich bin froh, dass wir das jetzt so gut miteinander hinbekommen haben! Danke, dass du mir entspannt entgegengekommen bist! Jetzt würde ich doch sehr, sehr gern einen neuen Anlauf nehmen und mit dir zusammen überle-

gen, wie wir uns diesen Abend noch besonders schön machen, einverstanden?« (Bitte)
Tina: »Hmm! Ja, sehr einverstanden! Darauf habe ich auch große Lust!«
Die Szene könnte aber auch ganz anders ablaufen, wenn Tom in seiner Giraffenkraft verankert ist, während Tina gerade im Wolfsfell steckt.

Variante 3 – Tom als Giraffe
Und wenn Tom die Giraffe ist und Tina noch wenig Bekanntschaft mit der Gewaltfreien Kommunikation hat, könnte das Gespräch so laufen:

Tom: »Ich bin noch zu Hause. Du kannst ja schon mal etwas essen. Ich brauche noch ein bisschen und komme dann so gegen neun!«

Tom war von seiner Arbeit gefangen. Er hat nur eine blasse Ahnung, dass sie etwas fürs Essen vereinbart hatten. Eigentlich sieht er kein Problem.

Tina fällt aus allen Wolken.
Tina: »Was? Du hast doch heute Mittag vorgeschlagen, dass du auf dem Weg vom Büro beim Thailänder vorbeifährst und etwas zum Abendessen mitbringst! Heute fängt doch unser langes Wochenende an!«

Tom wird an Tinas Reaktion klar, dass sie eine andere Vorstellung hatte als er.
Tom: »Oh! Du meine Güte! … Ja! … Jetzt wo du es sagst …! Hm – jedenfalls: Ich habe es verschwitzt, Tina! Allerdings hatte ich das auch nicht so verbindlich gesehen!«
Tina: »NEIN, das glaube ich einfach nicht! Du

hast das doch selbst vorgeschlagen! Und VERGISST es jetzt einfach! Ich fühle mich übergangen! (Interpretations-Gefühl) Sag's doch gleich, wenn du eigentlich lieber zu Hause bleiben möchtest)!« (Unterstellung)

Tom merkt, wie aufgebracht und betroffen Tina ist. Er bleibt gelassen, weil er als Giraffe ihre sehr »wölfischen« Äußerungen als einen unglücklichen Ausdruck ihrer dahinter liegenden Gefühle und unerfüllten Bedürfnisse hört. Und da in ihm keine eigenen Themen sein Wohlwollen blockieren, kann er sich Tina offen und unvoreingenommen zuwenden. Er ist bereit zu hören und aufzunehmen, was in ihr tobt und ihr mit seinen Worten zu helfen, ihre eigentlichen Gefühle und Bedürfnisse zu finden.

Tom: »Hm. Ja ... Bist du schockiert (Gefühl), weil dir wichtig ist, dass auch geschieht, was gesagt wird?«
Tina: »Ja!«
Tom: »... und dass du dich auf andere verlassen kannst, ja?« (Bedürfnis nach Integrität, Zuverlässigkeit)
Tina: »Ja, natürlich ist mir das wichtig! Ich freue mich hier schon den ganzen Nachmittag und

habe mir ausgemalt, wie es sein wird … und jetzt DAS! Du bist derartig unzuverlässig!« (Unterstellung)!
Tom: »Du bist noch ganz fassungslos (Gefühl), weil jetzt alles anders ist (Bedürfnis nach Sicherheit, Kontinuität, Verbindung). Stimmt's?«
Tina: »Ja! Es ist, als ob ich auf eine wunderschöne Landschaft geschaut hätte und plötzlich ist die Sonne weg und alle Farben werden stumpf!«
Tom: » Du bist ganz frustriert …?« (Gefühl)?«
Tina: »Ja, allerdings! Ich hatte mich so darauf gefreut! Und fühle mich jetzt total »abgeschossen« aus dem Höhenflug meiner Vorfreude.«

Tom bleibt aufmerksam, schweigt eine Weile, um Tina Raum zu lassen. Einfühlung kann auch ganz wortlos geschehen. Nach einer Minute …

Tina: »Jetzt bin ich richtig traurig!«
Tom: »Ja, ich spüre es! Ich wünschte, ich könnte jetzt einfach durch die Leitung kommen und dich in meine Arme nehmen. Komm, das stellen wir uns jetzt mal vor, ja?« (Bitte)
Tina: »Das ist schön! Es tut mir gut, deine Nähe zu spüren! Und besonders auch vorhin, als ich so wütend war! Es hat mir gut getan, dass du mit

deiner Aufmerksamkeit bei mir bleiben konntest und nicht selbst wütend geworden bist!«
Einige tiefe Seufzer sind zu hören.
Tom: »Ja, ich bedauere auch sehr (Gefühl), dass dieser Schatten auf den Einstieg in unser Wochenende gefallen ist (Bedürfnis nach Harmonie) und dass mir unsere Verabredung etwas durch die Lappen gegangen ist. (Bedürfnis nach Zuverlässigkeit, Integrität) Denn ich habe auch große Lust, das Wochenende schön zu beginnen! (Bedürfnis nach Feiern)
Tina: »Danke! Jetzt geht es mir wieder besser. Ich glaube, jetzt hab ich's so weit verdaut.«
Tom: »Mir liegt am Herzen, dir noch einmal zu sagen, dass mir Verabredungen mit dir wichtig sind (Bedürfnis nach Wertschätzung, Zuverlässigkeit).«
Tina: »Danke, es erleichtert mich, dass du das sagst!«
Tom: »Heute Nachmittag ist meine letzte Sitzung ausgefallen und deshalb bin ich noch einmal nach Hause gefahren anstatt vom Büro gleich zu dir wie geplant ... Und ich hatte unsere Verabredung tatsächlich nicht so verbindlich verstanden. Trotzdem bedauere ich, dass ich dich nicht gleich angerufen habe, sondern erst jetzt!« (Bedürfnis nach Integrität und Verbindung)

Tina: »Komm, lass uns neue Pläne schmieden! Der Abend hat ja gerade erst angefangen! Ich könnte mir vorstellen …«

In diesen beiden Szenen entsteht ein hin und her schwingender Tanz zwischen Tina und Tom. Selbsteinfühlung und aufrichtige Selbstmitteilung wechseln damit ab, dem anderen einfühlsam zuzuhören und ihm gleichzeitig zu helfen, seine Gefühle und Bedürfnisse klarer zu erkennen.

Zu guter Letzt noch ein Gesprächsverlauf zwischen zwei Giraffen. Wie würde das Gespräch verlaufen, wenn sowohl Tina als auch Tom direkt und einfühlsam kommunizieren könnten?

Variante 4
Tina und Tom im Giraffentanz

Wenn Tina und Tom die innere Haltung der Gewaltfreien Kommunikation bereits weitgehend leben, könnte das so klingen:
Tom hat selbst gemerkt, dass er abgetaucht ist und seine halbe Verabredung mit Tina vergessen hat. Er ruft an und beginnt mit einer Mischung aus aufrichtiger Selbstmitteilung und Einfühlung in Tinas Richtung.

Tom: »Hallo Tina, ich bin ganz bestürzt, weil ich gerade gemerkt habe, dass mir die Zeit davongelaufen ist. Du wartest ja wahrscheinlich schon auf mich und wunderst dich, wo ich bleibe?«
Tina: »Ja, ich freue mich schon auf dich!«
Tom: »Heute Nachmittag ist kurzfristig die letzte Besprechung abgesagt worden, so dass ich aus dem Büro doch noch zu mir nach Hause gefah-

ren bin. Und dann bin ich hier in meine Arbeit am Computer abgetaucht.«
Tina: »Aha..?«
Tom: »Vorhin hatte ich dann solchen Hunger, dass ich schon etwas gegessen habe. Und habe völlig vergessen, dich anzurufen, um mich mit dir abzustimmen. Wir hatten da doch irgendwas vereinbart, oder? Ich bin mir nicht mehr ganz sicher. Was hatten wir denn ausgemacht? Und wie geht es dir jetzt mit der Situation?« (Bedürfnis nach Klarheit, Verbindung zum anderen)
Tina: »Wir hatten ausgemacht, dass du etwas vom Thailänder mitbringst!«
Tom: »Oh!«
Pause
Tina: »Ich bin ganz schön frustriert! Und traurig, weil jetzt alles anders läuft! (Bedürfnis nach Vorhersehbarkeit, Sicherheit) Ich hatte mich schon darauf gefreut (Gefühl), unser langes Wochenende mit einem kleinen leckeren Abendessen zu beginnen! (Bedürfnis nach Feiern, Verbindung) Und ich höre von dir, dass sich deine Bedingungen geändert haben und du dann in einen ganz anderen Fluss abgetaucht bist. Jetzt bist du besorgt, dass ich ärgerlich oder traurig bin darüber, weil dir eine harmonische Verbindung zu mir auch am Herzen liegt?«

Tom: »Ja, die gute Stimmung mit dir ist mir sehr wichtig! Ich weiß, wie sehr du solche kleinen Rituale magst! Und ich bedauere, dass ich nicht achtsamer mit unserer Vereinbarung umgegangen bin!«

Indem Tom sich klar macht, dass er sein eigenes Bedürfnis nach Achtsamkeit im Umgang mit Vereinbarungen nicht erfüllt hat, kann er den Vorfall bedauern, ohne in sich selbst verurteilende Schuldgedanken abzurutschen (siehe das Kapitel über Schuldgefühle). Damit übernimmt er die Verantwortung für sein Verhalten. Und in diesem Bedauern kann ihm auch Tina begegnen. »Shit happens!« heißt es im Englischen.

Tina: »Hm, ja ich bedauere das auch!«
Pause
Tom: »Tina?«
Tina: »Ja? «
Tom: »Ich habe mir gerade etwas überlegt. Bist du schon bereit für neue Pläne?«
Tina: »Na gut, lass mal hören!«
Tom: » Ich komme jetzt gleich. Und unterwegs fahre ich beim Italiener vorbei und bringe dieses köstliche Vanilleeis mit der Karamellsauce mit, das du so magst. Und dann … Nein, ich

sag nichts ... Ich möchte dich gerne noch mit etwas überraschen! Was hältst du davon? Einverstanden?«

In seinem Bedauern hat Tom die Verantwortung für sein Verhalten übernommen. Als konkretes Zeichen dafür liegt es ihm am Herzen, jetzt Tina eine besondere Freude zu machen.

Tina: »Oh! Du machst mich neugierig!«
Tom: »Bin schon unterwegs!«

Ich möchte noch einmal betonen: Giraffe zu sein bedeutet nicht unbedingt sanft und leise zu sein! Es bedeutet, mit mir selbst wohlwollend und neugierig umzugehen, aus der unmittelbaren Verbindung mit meinen Gefühlen und Bedürfnissen zu leben und mit anderen Menschen in Beziehung zu treten!

Der Schwerpunkt meiner Kommunikation liegt in meiner einfühlsamen, inneren Haltung. Die Worte der Vier Schritte sind dann wie Töne. Man kann sie brav vom Blatt spielen oder ausdrucksvoll musizieren. Der Geist, der durch sie hindurch wirkt bildet die Melodie, nach der wir tanzen. Leise oder auch nachdrücklich und laut, beispielsweise wenn ich einen sehr schwerhörigen Wolf gegenüber habe, der sich zwar gerne in meiner Einfühlsamkeit sonnt, doch nicht bereit ist, auch meine Bedürfnisse gelten zu lassen!

Ich staune immer wieder, wie sich reißende Wölfe, keifende Xanthippen und duldsame Schafe in berührbare Männer und Frauen verwandeln können, wenn Einfühlung sie an das herzliche Wesen erinnert, das sie und wir alle in der Tiefe sind.

Und wie lernen wir tanzen?

Für viele Menschen ist die Bewusstwerdung ihrer Gefühle und Bedürfnisse zunächst ein unbekannter Kontinent.

Meine persönliche Erfahrung und die der TeilnehmerInnen meiner Seminare hat gezeigt, dass es am Anfang sehr hilfreich ist, sich zunächst mit jedem Schritt eine Weile einzeln zu beschäftigen. Dann kannst du dich zwei Wochen lang nur darauf konzentrieren, Beobachtungen ohne Bewertungen zu formulieren. Kennzeichnend für eine reine Beobachtung ist, dass dazu kein Widerspruch möglich ist, wie bei einer Kamera- oder Tonbandaufzeichnung.

Als nächstes übst du zwei Wochen lang, deine Gefühle von deinen Interpretationen zu unterscheiden. Du ordnest deine Gedanken und Empfindungen bestimmten Begriffen zu und wirst dir ihrer damit stärker bewusst. Im Anhang findest du als »Gehhilfe« Listen mit »reinen« Gefühls-Worten und mit »Interpretations-Gefühlen«.

Schließlich könntest du zwei Wochen lang die Bedürfnisse hinter deinem Verhalten ergründen. Echte Bedürfnisse sind positiv, allgemein und unabhängig von Zeit, Ort oder bestimmten Personen. Ich kann sie nicht mit meinen Sinnen wahrnehmen und doch deutlich spüren. Ich habe Bedürfnisse immer nur in Bezug auf mich selbst – und gleichzeitig stehe ich damit in vielfältigen Wechselbeziehungen mit meinen Mitmenschen, denn in der Erfüllung unserer Bedürfnisse sind wir oft voneinander abhängig. Zur Unterstützung ist im Anhang auch eine Liste mit Bedürfnis-Worten beigefügt.

Zu guter Letzt schließlich lässt du weitere zwei Wochen lang deinen Einfallsreichtum spielen, welche Bitten du äußern könntest, um deinen Bedürfnissen im konkreten Leben Geltung zu verleihen.

Ganz konkret beginne ich zu »tanzen«, indem ich mir mit Hilfe der Vier Schritte klar mache, was gerade in mir selbst los ist (siehe das Beispiel mit Leander). Dann fühle ich mich auf die gleiche Weise in den anderen ein und frage mich, wie es ihm wohl geht und was er braucht.

Wenn ich persönlich emotional stark betroffen bin, kann ich den anderen nicht empathisch aufnehmen, sondern brauche zunächst selbst Mitgefühl. Dafür gibt es verschiedene Wege:

Der andere kann mir so warmherzig begegnen, wie ich das gerade brauche. Das ist ein besonderes Geschenk! Oder:

Ich wende mich mitfühlend mir selbst zu. Oder:

Ich brauche erst einmal Distanz (Giraffenfallschirm!) und eine Auszeit, um mich wieder zu fangen. Oder:

Ich suche die Hilfe eines unbeteiligten Dritten, wie einer guten Freundin oder in schwierigen Konflikten auch professionelle Unterstützung als Vorbereitung für ein späteres Gespräch.

In einem lebendigen Gespräch entsteht der »Tanz« daraus, dass ich mich mit meiner Einfühlung zwischen mir selbst und dem anderen hin und her bewege, wie das in den Dialogen zwischen Tina und Tom geschieht.

Manchmal komme ich aus dem Tritt und stolpere allen guten Absichten zum Trotz doch wieder in einen Wolfstanz hinein, bei dem wir uns auf die Füße treten. Da ich jetzt aber erkannt habe, welch fatale Richtung der Wolfstanz nehmen kann und mir eine klare Alternative zur Verfügung steht, fällt mir die Rückbesinnung auf die giraffische Melodie leicht.

Mit zunehmender Übung wandelt sich der »Standardtanz« dann in eine Kür und schließlich weiter in meinen ganz individuellen, alltagssprachlichen Ausdruckstanz, in dem ich den Vierer-Schritt nach meiner eigenen inneren Melodie frei improvisiere.

Besondere Wolfstänze

In dem folgenden Kapitel betrachten wir zwei gängige Arten, unsere Wölfe zu füttern – und wie wir dieses Wolfsfutter in Giraffensaft verwandeln können. Es geht um Ärger und Schuld.

Wenn ich mich ärgere oder »schuld bin«, sind meine Wolfsohren maßgeblich beteiligt. Beim Ärgern reagiere ich damit nach außen, bei »Schuldgefühlen« nach innen zu mir selbst. Nebenbei bemerkt: auch das Schämen gehört in diese Reihe.

Ärger und Schuld entstehen aus meinen wölfischen Denkkonzepten, d.h. ich »fühle« sie in Bezug auf meine moralisch bewertenden Interpretationen. Und gerade bei Schuld ist »fühlen« gar nicht das passende Wort, denn ich »denke« mich schuldig!

Meine Deutungen liefern mir beim Ärgern den Zündstoff, mit dem ich mich über den anderen aufrege und in die Luft gehe. Bei »Schuldgefühlen« sind sie die Faust, mit der ich mich selbst niedermache.

Bei Ärger und »Schuldgefühlen« wird besonders deutlich, wie weit mich mein moralisch bewertendes Denken von den Bedürfnissen entfernen kann, die eigentlich gerade in mir lebendig sind, und wie viel Lebenskraft darin wirkungslos verpufft.

Und warum auf Energie verzichten, die mit einer weiteren kleinen Wendung meiner Aufmerksamkeit erreichbar ist?

Um meine eigentlichen Bedürfnisse zu finden, deren Erfüllung mir körperlich deutlich spürbare Erleichterung, Entspannung und Energiezuwachs bringt, gilt es, hinter dem Ärger und der Schuld das eigentliche Kerngefühl aufzuspüren.

Nur wenn ich wirklich in Kontakt mit meinen Gefühlen meinen wohlwollenden Überzeugungen bin, bekomme ich auch Kontakt zu der Giraffe in mir.

Dann kann ich mich und den anderen wieder als menschliche Wesen sehen, die sich Bedürfnisse erfüllen und nicht als erbittert kämpfende Wölfe, die glauben, dass nur einer gewinnen kann!

4
3
2
1

Giraffenschrei statt Wolfsgeheul – Frei sprechen statt schwarz ärgern

»Du kannst keine Wellen anhalten,
aber du kannst lernen, auf ihnen zu surfen.«

SPRICHWORT

Ich ärgere mich,
- wenn samstags morgens um acht Uhr beim Nachbarn die Kettensäge losheult
- wenn die Leute im Feld ihre bell- und beißfreudigen Hunde nicht anleinen!
- wenn mein Sohn seine Schuhe mit dem Spülschwamm putzt.

Und du? Ärgerst du dich auch manchmal?

Ich konnte zu vielen Gelegenheiten in die Luft gehen. Diese Explosivität hat mit der Gewaltfreien Kommunikation eine neue, fruchtbare Richtung bekommen!

Über das Thema Ärger spreche ich besonders gern. Es rührt an meine im Prolog angesprochene Sorge, für die »gewaltfrei« nach »Zähne ziehen« und Kraftlosigkeit klang. Mittlerweile habe ich für mich geklärt, dass »gewaltfrei« keineswegs

bedeutet, dass es immer nur noch sanft und leise zugeht – denn »gewaltfrei« heißt nicht »aggressionsfrei«. Im Gegenteil. Das Wort »Aggression« kommt bekanntlich vom Lateinischen »a-gredere« und bedeutet zunächst schlicht »auf etwas zugehen«!
Auf was also gehe ich zu?

Indem ich meine vitale, aggressive Kraft meinen jeweils aktuellen Bedürfnissen widme, gebe ich ihr eine konkrete, qualitative Richtung, wo sie sich fruchtbar ausleben kann.

Wenn »Ärger« im Spiel ist – und der spielt eine zentrale Rolle, wenn die Luft dick wird, brauchen wir nicht nur die »normale« Anwendung der Vier Schritte, sondern noch eine zusätzliche Vertiefungsstufe.

Im Fotogeschäft
Vor einigen Monaten hatte ich eine Fotoausstellung. Ich hatte die Dateien zum Abziehen ins Fotogeschäft gegeben und war drei Wochen lang verreist gewesen. Kurz vor dem Vernissagetermin ging ich frohgemut ins Fotogeschäft, um die großformatigen Abzüge abzuholen. Der Ver-

käufer fand sie nicht. Nach einigen Recherchen meinte er:

»Die Fotos sind gar nicht gemacht worden. Das Labor sagt, so große Dateien können sie nicht verarbeiten!«

Ich war wie vom Donner gerührt. »Die Fotos sind gar nicht gemacht worden!« war mein Auslöser.

Ich: »Wie bitte? Das kann doch nicht wahr sein!«

Der Verkäufer verzog den Mund, hob die Augenbrauen und zuckte mit den Schultern:

»Tja, da kann ich Ihnen jetzt auch nicht helfen! Ich kann nichts dafür. Das Labor ...!«

Ich merkte, wie mir der Zorn aus dem Bauch in den Kopf schoss und dort zu kreiseln begann. Kennst du diese kleinen, hochschwirrenden Feuerwerkskörper?

»Das ist ja wohl das Letzte! Der Typ hat die Dateien doch selbst auf die CD gebrannt! Der hätte das doch sehen müssen! Der müsste doch wissen, was das Labor bearbeiten kann und was nicht! Ich hatte vor drei Wochen unmissverständlich gesagt, dass ich sie heute brauche!«

Früher hätte ich meinem Ärger innerlich noch ordentlich Futter gegeben, indem ich mich weiter hineinsteigere:

»Die hatten mir das zugesagt! Von wegen ›Fachgeschäft‹! Ein Saftladen! So was von inkompetenten Leuten! Und überhaupt wie der gerade mit mir umgeht! Sich achselzuckend hinzustellen und so zu tun als wäre da gar nichts dabei! Der sollte mindestens kleinlaut sein und ein schlechtes Gewissen habe, weil er das verbockt hat!« – und damit immer neues Ärgerfeuerwerk in meinen Kopf abgeschossen.

Natürlich werden wir durch das Verhalten von anderen beeinflusst. Was jemand tut oder unterlässt, wirkt als ein Auslöser, auf den wir reagieren. Aber beim Ärgern spielt unser eigenes Denken eine enorme Rolle. Genau genommen sind nämlich meine bewertenden Gedanken der Ärgerzüchter Nummer Eins!

Mein gesamtes Ärgerfeuerwerk besteht aus Variationen des Themas: »Sie sind unfähig! Das ist ein Saftladen! So sollte es nicht sein!«

Lauter »solltes«, wie wir sie aus dem Kapitel über die Kommunikationshindernisse kennen. Der andere hört mit seinen Wolfsohren darin natürlich Vorwürfe und Angriffe und steigt mit ins Wolfskarussell. Mit den bekannten Verläufen und Ergebnissen.

Im Fotoladen ist mir meine Aggression, die ich zunächst als Handlungsdruck im Bauch spürte, in den Kopf gestiegen! Meine vitale Energie hat sich mit meinem bewertenden Denken vereint und in giftigen Ärger verwandelt, mit dem ich verbale Giftpfeile auf den anderen schießen will.

Ich bin in meinem Denksystem von richtig und falsch gefangen. Also in meinem Wolfsgefängnis! Ich bin damit beschäftigt, was der andere falsch gemacht hat, wer Schuld ist etc. Diese Gedanken treiben meinen Ärger voran, bringen mein inneres Wolfskarussell zum Kreiseln.

Wenn Ärger im Spiel ist, schlägt die Gewaltfreie Kommunikation vor, ihn »vollständig auszudrücken«! Das heißt nicht, dass ich dem anderen jetzt im Wolfsjargon und voller wölfischer Ladung ordentlich die Meinung sage. Es heißt, dass ich mich daran erinnere, dass es mein Ärger ist: Ich ärgere mich, sagt die deutsche Sprache so treffend! Und der entsteht aus meinem bewertenden Denken.

Wohin aber mit dieser aufschäumenden Energie? Ich lasse den Sturm erst einmal auf seine mentale Weise in voller Wucht in meinem Kopf toben! Wenn nötig gehe ich aus der Situation und dem Kontakt zum anderen auch einmal raus und schimpfe, stampfe, brülle, gehe joggen, Holz hacken – das ist eine Frage des Temperamentes. Aber: Es geht darum, nicht den anderen zur Schnecke zu machen, sondern im vollen energetischen Kontakt mit mir selbst zu bleiben! An der Intensität meines Ärgers kann ich die Dringlichkeit meines Anliegens ermessen – genau genommen: meine große innere Not! Der Energieschub, der mit dem Ärger einhergeht, will eigentlich nur dafür sorgen, dass meine Bedürfnisse erfüllt werden!

Weil ich das weiß, will ich die Energie des Ärgers nicht unterdrücken und damit meine Not unter den Teppich kehren, sondern durch innere Anteilnahme und Reflexion oder äußeren Ausdruck in Fluss halten! Wenn meine Ärger-Rakete hochzischt und auf den anderen losstürzen will, mache ich mir bewusst, dass ich gerade in meinem Wolfskarussell kreisele und dass es einen Weg gibt, diesen Energieschub zur Erfüllung meiner Bedürfnisse zu nutzen.

Dann trete ich aus dem Labyrinth meines bewertenden Denkens hervor und kehre zum Leben zurück. Dabei helfen mir zunächst die Vier Schritte in der bekannten Anwendung.

Ich gehe sie innerlich durch:

»Wenn der Verkäufer sagt, dass meine Fotos noch nicht da sind (Beobachtung), ärgere ich mich (Gefühl), weil ich mich auf Vereinbarungen verlassen können möchte.«

Ich habe mich auf die bewährte Weise von meinem »Ich ärgere mich«-Gefühl zu meinem Bedürfnis »Zuverlässigkeit« führen lassen.

Mein Ärger ist jedoch ein Zeichen dafür, dass ich in moralisch bewertendem Wolfsdenken stecke! Und insofern schafft es noch keine warme, herzliche Verbindung – nicht zu mir und auch nicht zu meinem Gegenüber! Es gilt noch eine Stufe tiefer zu gehen und das Gefühl zu finden, das sich noch hinter dem Ärger verbirgt.

Der Mitarbeiter hatte lapidar gesagt:
»Die Fotos sind nicht da!«

Ich fiel aus allen Wolken, war fassungslos. Ich spürte diese heiße Welle durch meinen Körper fluten und ging innerlich in die Luft!
Das war mein Warnsignal!
Bevor ich meinen Zorn in messerscharfen Worten auf den Mann schleudere, ziehe ich die Reißleine an meinem Giraffenfallschirm: Ich werde wach! Ich komme zu mir und erlaube meinem inneren Wolfskarussell jetzt bewusst, in voller Wucht zu toben – innerlich und im Schutze meines Giraffenfallschirms.

»Das ist ja wohl das Letzte! Was ist das nur für ein Saftladen! Die haben es mir doch zugesichert! Ich brauche die Fotos unbedingt! Deswegen habe ich sie doch extra noch abgegeben, bevor ich weggefahren bin! Ich muss am Montag meine Ausstellung hängen! So ein Mist! Egal wie sorgfältig ich plane – im letzten Moment geht doch wieder etwas schief! Und das ist ja auch nicht das erste Mal! Warum habe ich mich wieder auf diese Leute hier verlassen. Ich hätte es ja ahnen können!«

Hörst du, wie ich in schnellem Wechsel meine Vorwürfe nach außen und nach innen richte? Wie meine »Wölfe« auch nach mir selbst schnappen? Entweder hat das Labor es versiebt oder ich bin schuld! Alles Wolfsgeheul!

Indem ich meine Ärger-Energie innerlich zu Wort kommen lasse, koche ich langsam etwas runter und kriege wieder etwas herzlicheren Boden unter meine Füße.

Nach einigen Augenblicken spüre ich: Hinter und abwechselnd mit meiner aufschäumenden Wut schält sich meine Sorge und Hilflosigkeit heraus, und ich spüre mein unmittelbares, dringendes Bedürfnis nach Mitgefühl für meine Not, nach Unterstützung und Kooperation, um meine Verbindlichkeit einhalten zu können.

Anstatt dem Verkäufer »wölfische« Vorwürfe zu machen und meinem inneren Druck in entwertenden Bemerkungen (»Saftladen!«) Luft zu machen, »schreie« ich als Giraffe, d.h. ich drücke meine Not in ihrer ganzen Intensität aus, in energetisch eindringlichen Ich-Botschaften darüber, wie ich mich fühle, was ich brauche und worum ich bitte. Das nennt die Gewaltfreie Kommunikation den Giraffenschrei.

Ohne jede Bewertung über den Verkäufer oder das Geschäft spreche ich sehr eindringlich davon, wie ich mich fühle, wie meine Lage ist, was für mich von diesen Fotos abhängt und was ich brauche. Damit steigen meine Chancen, den Verkäufer gefühlsmäßig zu erreichen.

»Sie sagen, die Fotos sind gar nicht abgezogen worden? Ich weiß gar nicht, was ich da machen soll! Ich muss in vier Tagen eine Ausstellung aufbauen! Mit diesen Fotos! Verstehen Sie?! Ich habe einen Ausstellungstermin, zu dem ich diese Abzüge brauche! Es geht hier nicht um irgendwelche schönen Urlaubserinnerungen!! Die Fotos müssen am Dienstag in der Galerie an der Wand hängen! Können Sie sich vorstellen, wie es mir gerade geht, wenn Sie sagen, das Labor hat sie gar nicht gemacht? Mir bricht gerade völlig der Boden unter den Füßen weg. Können Sie mir irgendwie helfen? Ich muss einen Weg finden, dass diese Fotos bis Montag fertig sind! Ich darf mir gar nicht ausmalen, was passiert, wenn es nicht gelingt! Vielleicht gibt es irgendeinen Schnelldienst? Bitte sagen Sie mir, welche Möglichkeiten Sie sehen!«

Der Verkäufer ist berührt. Er kommt nicht in seine Rechtfertigungs- und Schuldzuweisungsschleife. Aus eigenem Antrieb holt er den Geschäftsführer dazu. Das konstruktive Engagement ist ansteckend. Gemeinsam beratschlagen wir Lösungen. Der Geschäftsführer telefoniert sich bis zur zuständigen Sachbearbeiterin im Labor durch und stellt eine lückenlose Kette von persönlich Informierten sicher. Ich biete an, meine Abzüge direkt beim Labor abzuholen, um den standardisierten Weg zu verkürzen. Doch das ist gar nicht mehr nötig. Was sonst »zehn Tage – mindestens!« dauert, gelingt jetzt in zwei. Die Fotos kommen in wunderschöner Qualität zurück. Ich konnte meine Ausstellung termingerecht hängen und sie wurde ein Erfolg.

Noch mal kurz zusammengefasst:
Ärger spielt im Orchester der Gefühle eine besondere Rolle: Einerseits ist er ein »echtes« Gefühl, doch kommt Ärger nie allein: Er wird angefeuert

von der Heerschar unserer bewertenden Gedanken, die ihm den Steigbügel halten und ihm erst richtig in den Sattel helfen.

Wenn also etwas geschehen ist, worüber ich mich ärgere, ziehe ich im Kontakt mit der vollen Kraft meines inneren Aufruhrs die Reißleine an meinem Giraffenfallschirm, werde wach und mache mir bewusst, dass meine Ärger-Rakete gerade hochzischt!

Ich lasse mein bewertendes Denken eine Weile in seiner vollen Energie in meinem Kopf toben, ohne meinen Ärger an meinem Gegenüber auszulassen.

Ich erinnere mich daran, dass mein »bewertender Wolfsverstand« mich mit seinen bissigen Ärger-Zähnen gerade davor schützen will, direkt zu fühlen, wie es mir gerade wirklich geht und nehme ihn einfühlsam auf.

Dadurch kann sich nach und nach hinter dem heftigen Ärger-Sturm mein tieferes, »nackteres« Kerngefühl herausschälen und ich beginne zu spüren, dass ich eigentlich traurig bin, mich einsam oder hilflos fühle. Mit diesen Gefühlen bewege ich mich in der üblichen Anwendung der Vier Schritte weiter zu meinem im Hier und Jetzt unmittelbar lebendigen Bedürfnis und zu meiner Bitte.

4
3
2
1
4
3
2
1

Schuld – Oh, wie bedauerlich!

Vor einigen Monaten habe ich in einem radikalen Anfall von »Unser Zuhause soll schöner werden!« meinen Garten durchstreift und einen drei Meter hohen Nadelbaum fällen lassen, der mit seinen Zweigen im Vorgarten einen Durchgang blockierte.

Wenige Tage später spricht mich ein botanisch kundiger Nachbar an:

»Frau Rust, weshalb um alles in der Welt haben Sie diese wunderschöne, seltene Muschel-Zypresse abgesägt? Die wächst doch so langsam!«

Tja.
Meine Wolfsohren stellten sich unversehens kerzengerade auf, Gewissensbisse schleichen auf leisen Sohlen heran und ich höre in mir die Stimme meiner (wölfischen) »Inneren Erzieherin«:

»Der hat doch wirklich Recht! (Hier trabt das Wolfsdenken heran! Einer hat Recht!) Serena, du bist wirklich unmöglich! Das hast du echt versiebt! So ein schönes Bäumchen! In 50 Jahren gewachsen und du sägst es in 10 Minuten ab!

(Variationen von: »Du bist unfähig!«) Du hast anscheinend vor nichts Respekt! Abgeschnitten und egozentrisch! Schöne Misere hast du da angerichtet! Und kahl sieht es noch obendrein aus! Du hast eine kostbare Pflanze ausgerottet! Schäm dich! (Weiteres Wolfsfutter: Schuld und Scham!) Erst denken, dann handeln wäre mal eine gute Idee! Du bist einfach zu blöd ... etc !«

Kennst du so eine innere Stimme auch?
Mit diesen Sätzen kann mich meine »Innere Erzieherin« richtig in die Pfanne hauen und da ich mit meinen Wolfsohren höre und nach innen reagiere, pflichte ich ihr auch noch bei und »fühle« mich jetzt richtig schön schuldig.

Ja, stimmt! Ich hätte dieses Bäumchen doch wirklich stehen lassen können! Wieso muss ich auch immer gleich so radikal sein! Zack! Abgehackt! Und das sieht jetzt richtig hässlich aus hier – was für ein sinnloser Kahlschlag! Wäre doch wirklich nicht nötig gewesen! Was wird der Nachbar wohl über mich denken? Der hält mich jetzt bestimmt für eine unkultivierte Banausin!«

Tragisch daran ist: Alle diese Gedanken beziehen sich auf eine bereits geschehene Vergangenheit.

Kein »hättest du« oder »wärest du« kann noch etwas ändern – es schraubt mich nur immer tiefer in mein schlechtes Gewissen.

Zerknirscht und gelähmt sitze ich im hermetisch abgeriegelten Gefängnis meines eigenen wölfischen Schuldkonzeptes. Konsequent weitergedacht führt der Weg jetzt zur »gerechten Strafe«. Deshalb geht mit »Schuldgefühlen« häufig Angst einher.

Ich setze das Wort »Schuldgefühle« in Anführungszeichen, weil Schuld im Sinne der Gewaltfreien Kommunikation kein Gefühl ist. Sie entsteht aus dem Denkkonzept, das der Wolf braucht, um zwischen gut und böse zu unterscheiden. Dieses Konzept hilft ihm, Einfluss zu nehmen, Macht auszuüben und seine Dominanz zu sichern.

Ähnlich wie beim Ärgern führt mich dieses »Konzeptgefühl« nicht zu meinen vitalen, unmittelbaren Bedürfnissen. So gilt es auch hinter dem Schulddenken die wahren Gefühle ausfindig zu machen.
Ich funke ein dringendes SOS an meine »Innere Giraffe«! Sie lässt ihre Viersprossige Giraffenleiter zu mir herunter, um mir aus meinem Schuldloch herauszuhelfen.

»Du denkst gerade, dass du etwas falsch gemacht hast und schuld bist, ja? Und dann fühlst du dich wahrscheinlich hilflos, elend und vielleicht auch ängstlich. Sicher tun dir jetzt Mitgefühl, Wärme und Beistand gut?« fragt die Giraffe mitfühlend.
Ich beginne, mich zu entspannen. Geschickt baut sie mir mit ihren einfühlsamen Worten eine Brü-

cke von meinem »Schulddenken« zu meinen Gefühlen.
Ich antworte ihr:
»Oh, dass du da bist, tut mir gut! Ich fühlte mich gerade zusammengeschnurrt wie eine Rosine, so vertrocknet von meinen Schuldgedanken! Eingehüllt in deine Wärme und dein Mitgefühl fühle ich mich gleich wieder viel sicherer. Und meine Lebenskräfte kommen zurück wie bei einer saftigen Traube!«

Meine »Innere Giraffe« hilft mir aus der dürren Einöde meines eigenen entwertenden Wolfsdenkens heraus.
Sie fährt fort: »Ich bin jetzt mit meiner Aufmerksamkeit ganz bei dir und halte dir diese wunderbare Giraffenleiter hin, mit der du über das, was du fühlst und brauchst, wieder zu mir in unsere lebensfrohe Giraffenwelt klettern kannst!«

Durch diese einfühlsame Haltung mir selbst gegenüber bin ich jetzt ganz aus meinem Schulddenken aufgetaucht. Ich setze meinen Selbsteinfühlungsprozess fort und finde hinter meinem Schulddenken ein tiefes Bedauern darüber, dass ich dieses Bäumchen so kurzerhand abgesägt

habe. Dazu spüre ich mein Bedürfnis nach Ehrfurcht vor dem Gewachsenen, Lebendigen, dem ich mit meiner Handlung nicht so Rechnung getragen habe, wie ich das gerne möchte.
Wenn ich mich nicht erst aus meinem Wolfsdenken befreien muss, sondern gleich mit meinen Giraffenohren nach innen auf den Nachbarn reagiere, kann der Prozess auch folgendermaßen ablaufen:

»Frau Rust, weshalb um alles in der Welt haben Sie diese wunderschöne, seltene Muschel-Zypresse abgesägt? Die wächst doch so langsam!«
Ich fühle, wie bei dieser Bemerkung meines Nachbarn eine leise Trauer und Bedauern in mir aufsteigen, doch ich mache mich weder mit Verurteilungen meiner »Inneren Erzieherin« noch mit Schuldgedanken nieder.

Mein Bedauern weist mich darauf hin, dass auch bei mir ein Bedürfnis auf der Strecke geblieben ist, als ich dieses Bäumchen fällen ließ. Mein Bedürfnis nach Achtung vor dem Gewachsenen, vor dem Lebendigen kommt mir in den Sinn. Wie kann ich diesem Bedürfnis jetzt Geltung verleihen?
Ich übernehme die Verantwortung für meine

Handlung und möchte den entstandenen Schaden gerne lindern oder wieder gut machen.

Ich sage zum Nachbarn:
»Ja, jetzt wo Sie das sagen, bedauere ich selbst auch, dass ich diesen Baum habe fällen lassen. Mir wurde durch Ihre Frage erst richtig klar, was für ein besonderes Gewächs diese Muschel-Zypresse war! Und ich habe große Achtung vor der Zeit, die manches Kostbare zum Wachsen braucht!«

Diese Erfahrung hat mich wieder wacher gemacht für meine Werte. Meine Überlegung, die großen Birken vor meinem Haus zu fällen, weil sie das Dach beeinträchtigen und überhaupt viel Arbeit machen, ist damit vom Tisch. Außerdem nehme ich mir vor, einen Buddleia-Strauch an die Stelle dieser Muschel-Zypresse zu pflanzen.

Dieser Strauch ist für mich ein besonders Symbol für den Rhythmus des Lebens und die immerwährende Erneuerung der Lebenskräfte: In jedem Herbst wird er weitgehend zurückgeschnitten und wächst in einem Sommer wieder zu stattlicher Größe heran, er blüht und duftet und bietet unzähligen, umhergaukelnden Schmetterlingen Nahrung.

Ich könnte diesen Prozess noch damit abrunden, mich einfühlsam meiner »Inneren Erzieherin« zuzuwenden. Auch sie hat sich mit ihren Verurteilungen und Beschuldigungen Bedürfnisse erfüllt, wenn auch auf eine tragische Weise! Auch sie freut sich über Wachstum, Erweiterung und neue Wege, die ihre Arbeit freudvoller und leichter machen! Ich könnte mich auch einfühlsam meinem Nachbarn zuwenden …

In zwischenmenschlichen Beziehungen spielen viele Ebenen und Aspekte mit, die das Ganze oft komplex erscheinen lassen. Doch mit entsprechender Zeit, Aufmerksamkeit und Übung kann ich mich jedem dieser Aspekte einfühlsam und in Vier Schritten zuwenden.

Abschließend möchte ich noch einmal kurz zusammenfassen:
Ich kann mich im Sinne der Gewaltfreien Kommunikation nicht »schuldig fühlen«, sondern mich nur »schuldig denken«. Schuld ist ein mentales Konzept, kein Gefühl. Das eigentliche Gefühl, das ich als Giraffe hinter dem wölfi-

schen Schuld-denken finde, geht oft in Richtung Bedauern und Traurigkeit. Diese so genannten Kerngefühle verbinden mich mit den Bedürfnissen, die bei dem, was ich getan habe (in meinem Beispiel: das Bäumchen fällen zu lassen), auf der Strecke geblieben sind.

Schuld ist ein Beeinflussungsmittel der Wolfswelt, das der Anpassung an die Maßstäbe anderer Vorschub leistet! Mit der Idee von Schuld mache ich mich selbst und andere klein, schwach und abhängig. Hilfreicher, weil produktiver und selbstverantwortlicher, ist die giraffische Haltung: Ich habe etwas getan, von dem ich jetzt wahrnehme, dass dabei andere Bedürfnisse auf der Strecke geblieben sind, dass es »weniger als vollkommen« (Marshall) war. Das bedauere ich. Und manchmal ist auch ganz materiell ein Schaden entstanden. Wie kann ich jetzt für das Bedürfnis sorgen, das auf der Strecke geblieben ist? Wie kann ich jetzt dazu beitragen, entstandenen Schaden wieder gutzumachen?

Wertschätzung und Dankbarkeit – Verbale Vollwertkost

Der Adler, der sich für ein Huhn hielt
Nach einer Fabel aus Ghana:
Ein Mann fing einen jungen Adler, brachte ihn heim und steckte ihn in den Hühnerhof zu seinen Hennen, Enten und Truthähnen.
Nach fünf Jahren erhielt der Mann den Besuch eines naturkundigen Mannes. Als sie miteinander durch den Garten gingen, sagte der: »Der Vogel dort ist kein Huhn! Er ist ein Adler!«
»Ja«, sagte der Mann, »das stimmt, aber ich habe ihn zu einem Huhn erzogen. Er ist jetzt ein Huhn, auch wenn seine Flügel drei Meter breit sind.«
»Nein«, sagte der andere, »er hat immer noch das Herz eines Adlers und das wird ihn hoch hinauf fliegen lassen in die Lüfte!«
»Niemals«, sagte der Mann, »er lebt jetzt von Hühnerfutter und wird niemals fliegen.«
Sie beschlossen, eine Probe zu machen. Der naturkundige Mann nahm den Adler, hob ihn in die Höhe und sagte beschwörend: »Der du ein Adler bist, der du dem Himmel gehörst und nicht dieser Erde: Breite deine Schwingen aus und fliege!« Der Adler saß auf der hoch gestreckten Faust und blickte um sich. Hinter sich sah er die Hühner nach ihren

Körnern picken und er sprang zu ihnen hinunter. Der Mann sagte: »Ich habe dir gesagt, er ist zu einem Huhn geworden!«
»Nein, nein«, sagte der andere, »er ist ein Adler. Versuchen wir es morgen noch einmal.«
Am anderen Tag stieg er mit dem Adler auf das Dach des Hauses, hob ihn empor und sagte: »Adler, breite deine Schwingen aus und fliege!«
Aber als der Adler die scharrenden Hühner im Hof erblickte, sprang er abermals zu ihnen hinunter und scharrte mit ihnen. »Lass es mich noch ein einziges Mal versuchen!«, bat der Mann.
Am nächsten Morgen erhob er sich früh, nahm den Adler und brachte ihn weit weg von den Häusern an den Fuß eines hohen Berges. Die Sonne ging gerade auf und vergoldete den Gipfel des Berges. Jede Felszinne erstrahlte in der Freude eines wundervollen Morgens. Der Mann hob den Adler hoch und sagte zu ihm: »Du bist ein Adler! Breite deine Schwingen aus und fliege!«
Der Adler blickte umher. Er zitterte, als erfülle ihn neues Leben – aber er flog nicht. Doch als der naturkundige Mann ihn direkt in die Sonne schauen ließ, breitete der Vogel plötzlich seine gewaltigen Flügel aus, schwang sich mit dem Schrei eines Adlers in die Luft, flog höher und höher und kehrte nie wieder zurück.

Eines Sonntagmorgens, am vorletzten Wochenende einer Basis-Ausbildungsgruppe in »Gewaltfreier Kommunikation«, saß ich frühmorgens in meinem Bett und las diese Geschichte vom Adler. Ich hatte ihren verlockenden Ruf zum ersten Mal mit Anfang Zwanzig gehört und sie hat lange nachgeklungen. Als ich meinen Blick vom Buch hob, fiel der erste Strahl der aufgehenden Sonne gleißend in meine Augen!

Bisher haben wir die Gewaltfreie Kommunikation im Zusammenhang mit schwierigen Gesprächen, Spannungen, Konflikten, Differenzen betrachtet. Der Bereich, der mir aber am allermeisten am Herzen liegt, der mein Herz unmittelbar höher schlagen lässt, kommt jetzt zum krönenden Abschluss dieses Buches!

Nachdem wir durch die schwierigeren Wegstrecken gewandert sind und schon einige Schlucke Giraffensaft getrunken haben, freue ich mich jetzt, auf dem letzten Wegstück unserer Wanderung, das für mich größte Geschenk der Gewaltfreien Kommunikation auszupacken und mit dir zu teilen: die Verwandlung unserer normalen Art von Anerkennung, Lob und Komplimenten.
Ich wünsche mir sehr, dass es mir gelingt, dich

dazu anzustiften! Allein dafür hätte dieses Buch seinen Zweck mehr als erfüllt!

Wie drücken wir Anerkennung in unserer üblichen Sprache aus?
»Du bist toll!« oder »Das hast du gut gemacht!«
statt
»Du hast uns für heute abend den Film »Hero« mitgebracht. Ich war schon von den atemberaubend schönen Aufnahmen auf dem Trailer ganz fasziniert. Danke, dass du mit mir teilst, was du magst!«

Oder »Danke für das Giraffenposter!«
statt
»Du hast mir das Giraffenposter »The First Kiss« geschenkt! Darüber bin ich ganz gerührt, denn ich spüre darin dein Interesse an dem, was mir am Herzen liegt.«

Spürst du den Unterschied? Welche Art von Lob oder Dank nährt uns mehr? Und das ist noch die einfachste Ebene. Vielleicht hast du auch schon Sätze gehört wie:
»Du bist doch so stark und handwerklich begabt! Du kannst mir sicher beim Umzug helfen!«

»Wie du diesen Reifenwechsel hingekriegt hast! Du bist ja so geschickt!«
»Jetzt sieht dein Zimmer wieder schön aus! Das hast du gut gemacht!«

Bei dieser gewohnten Art der »Anerkennung« bekomme ich das wohltuende Lob dafür, dass ich den Maßstäben des anderen entspreche! Er misst, definiert und beurteilt gemäß seinen Kriterien, ob ich mich »richtig« oder »falsch« verhalte, inwiefern ich »gut« oder »schlecht« bin und drückt das so aus, als sei es objektiv wahr. Das Kind, das für sein aufgeräumtes Zimmer gelobt wird, hat zwar die Erwartung des Erwachsenen erfüllt, aber ob es sich selbst so wohler fühlt, interessiert niemanden.

Sein Handeln entspricht also nicht unbedingt seinen eigenen unmittelbaren Bedürfnissen. Damit fällt ein erster Schatten auf die Freude, gelobt zu werden. Die Anerkennung des anderen hängt davon ab, wie sehr ich seinen Maßstäben entspreche. Wenn mir an diesem Menschen liegt oder ich gar von ihm abhängig bin, werde ich mich nach seinen Regeln und Bewertungen richten. Dieses Konzept fördert meine Anpassung, nicht meine Authentizität als selbstverant-

wortliches, freies Individuum. Unser gesamtes Erziehungssystem basiert auf diesem Prinzip.

Noch fragwürdiger wird es, wenn das Lob in Begleitung kommt:
»Sie sind so eine flinke, fleißige Mitarbeiterin! Sie können mir sicher die Unterlagen für das Meeting heute Nachmittag in Ihrer Mittagspause noch schnell zusammenstellen!«

Das erste Unbehagen auf Grund der fremden Maßstäbe wird noch gesteigert, wenn das Lob als »Schmiermittel« eingesetzt wird, um mich den Wünschen des anderen leichter anzupassen. Dieser Einsatz von »Anerkennung« oder auch »Belohnungen« ist manipulativ.

»Jemand Honig ums Maul schmieren« – der Volksmund kennt treffende Bilder für den schalen Beigeschmack, wenn Wertschätzung als Mittel zum Zweck eingesetzt wird.

Meine Freude über die Anerkennung wird getrübt, wenn es nicht wirklich um mein Wohl geht. Meine Bedürfnisse nach Autonomie, Integrität, Klarheit und Vertrauen sträuben knurrend ihr Nackenfell. Wölfisch betrachtet versucht mir der andere, eine Funktion in seinem Spiel unterzuschieben – und in mir gibt es eine anerzogene Bereitschaft, diese Rolle zu übernehmen, um das »Zuckerbrot« zu bekommen. Wir sind nicht mehr auf Augenhöhe miteinander.

Und die Alternative?
Ich greife zurück auf die mittlerweile vertrauten Vier Schritte!
Ich kleide meine Anerkennung in die Form einer Ich-Botschaft. Ich sage, was der andere konkret getan hat (Beobachtung), wie ich mich damit gefühlt habe (Gefühl) und welches Bedürfnis (Bedürfnis) er durch seine Handlung bei mir erfüllt hat. Den vierten Schritt, die Bitte brauche ich nicht mehr zu äußern, da die Handlung ja bereits stattgefunden hat!

Ich sage dann zum Beispiel:
»Ich bin glücklich, dass du das Fahren übernommen hast. Dadurch konnte ich mich wunderbar entspannt zurücklehnen und die Landschaft genießen. Danke!«
»Am Samstag hast du eingekauft. Darüber bin ich ganz erleichtert und genieße deine Unterstützung. Danke!«

»Du hast gestern Abend so herrlich Witze erzählt. Davon bin ich bin ganz begeistert! Ich lache so gern und du hast mir dazu einen besonderen Anlass gegeben! Herzlichen Dank!«

Wie geht es dir, wenn du auf diese Weise ausgedrückte »Anerkennung« hörst? Ist dein Appetit geweckt, so dass du gerne mehr von dieser lebendigen, herzlichen Vollwertkost erleben möchtest? Mir macht diese neue Gesprächskultur große Freude. Es ist mir ein so wunderbar kraftschöpfendes Bad in Freude, Kraft und Wonne, meine Dankbarkeit und Wertschätzung auf diese Weise auszudrücken! In diesen wohltuenden Erfahrungen werde ich mir über meine eigenen Bedürfnisse immer klarer und meine Verbindung zu mir selbst und zu anderen Menschen bekommt eine ganz neue Qualität. So nehme ich mir jeden Tag eine bestimmte Zeitspanne, um mir klar zu machen, wofür ich dankbar bin – mir selbst und anderen Menschen. Und ich sage es im alltäglichen Leben, mir selbst und anderen!

Das belebt einen Kraftstrom in mir und im anderen, der die Atmosphäre unseres Zusammenseins mit Freude erfüllt und die Flügel unseres Potenzials wachsen lässt!

Eine Form dafür, die mir besonders viel Spaß macht (und die sehr wirkungsvoll ist), habe ich von Klaus-Dieter Gens übernommen:

Die »Dankbarkeits-Schaukel«!
Du kannst sie mit deinem Mann, deiner Frau, deinen Kindern, Freunden oder Kollegen ausprobieren.

Mit meinem Partner setze ich mich dafür am liebsten gemütlich in die Hängematte. Dann sagen wir uns abwechselnd, was uns freut, wofür wir dankbar sind, was uns berührt, was der andere gemacht hat und womit wir wechselseitig zu unserem Glücklichsein beigetragen haben. Das können große wichtige Dinge sein und auch ganz kleine – der Ton macht die Musik!
Serena: »Du hast mich gestern dreimal angerufen, um mit mir über deine Ideen fürs Wochenende zu sprechen. Darüber bin ich ganz berührt. Ich freue mich, dass du so viele Ideen hast und dass es dir wichtig ist, sie mit mir gemeinsam weiterzuspinnen und konkret werden zu lassen. Ich danke dir!«
David: »Danke! Ich freue mich, dass du das sagst, weil ich dann spüre, dass ich zu deinem

Leben beitrage und meine Ideen auf eine positive Resonanz stoßen.«
Serena: »Am vergangenen Samstag hast du im Garten die alten Rosenbüsche abgeschnitten! Darüber bin ich ganz erleichtert, weil sie mir schon lange ein Dorn im Auge waren und mir die Schönheit im Garten sehr am Herzen liegt. Danke!«
David: »Ja, das hat mir auch Spaß gemacht und es ist hin und wieder sehr wohltuend, mich hier körperlich in frischer Luft austoben zu können. Außerdem schätze ich deinen Garten und mit wie viel Liebe du ihn hegst. Ich bin immer wieder dankbar diesen privaten Freiluftraum zu haben und dass du ihn mit mir teilst.«
Serena: »Du hast mir den Floh mit diesem Buch ins Ohr gesetzt! Darüber bin ich sehr glücklich, weil ich darin einen wunderbaren Rahmen für meine Kreativität und Lust am Schreiben habe – und hoffentlich beitragen kann, dass sich noch mehr Menschen fürs Giraffentanzen begeistern! Tausend Dank!«
David: »Ich freue mich, wenn ich sehe, mit welcher Intensität und Begeisterung du dich daran gemacht hast und wie sehr es dir ein Anliegen ist, Klarheit in der Kommunikation mit Tiefe und Humor zu verbinden. Danke, dass du mich

immer wieder an diesen Prozessen teilhaben lässt, auch wenn das nicht immer einfach ist. Danke, dass es dich gibt und du mit mir zusammen bist. Es bereichert mein Leben bis in alle Winkel.«

Anhang

Wer ist Marshall Rosenberg?

Dr. Marshall B. Rosenberg ist international bekannt als Konfliktmediator und Gründer des internationalen »Center for Nonviolent Communication« in den USA. Er entwickelte die Methode der Gewaltfreien Kommunikation (GFK).

In den letzten 30 Jahren hat Dr. Rosenberg diese Methode in über 40 Ländern an Ausbilder, Schüler, Eltern, Manager, Ärzte, Anwälte, Psychologen, Friedensaktivisten, Gefangene, Polizisten und Geistliche weitergegeben. Kürzlich wurden 13 000 Kinder in Jugoslawien in einem Großprojekt unterrichtet, Missverständnisse und Konflikte auf gewaltfreie Art zu lösen. Es gibt auch mittlerweile mehrere Schulprojekte, in denen Lehrer auf diese Weise unterrichten.

In Israel, wo Marshall Rosenberg regelmäßig aktiv ist, wurde im Jahr 2000 in über 1000 Kindergärten und ca. 70 Schulen ein Programm zur Gewaltfreien Kommunikation durchgeführt, das vom Erziehungsministerium empfohlen wurde. Dieses Programm schließt alle religiösen Gruppierungen, auch Araber und ultra-orthodoxe Juden mit ein und dauert zwischen 28 bis 112 Stunden. Rosenberg lehrt in Europa und den USA und er reist regelmäßig weltweit in Krisengebiete, um Mediationen anzubieten.

Listen für Gefühls- und Bedürfnisworte

Ich habe auf den folgenden Seiten einige Gefühls- und Bedürfnisworte zusammengestellt, die dir erste Anregungen geben sollen, die passenden Worte für deine Erfahrungen zu finden.

Gefühle

Manche Menschen sagen, es gäbe überhaupt nur fünf Gefühle:
Angst, Freude, Schmerz, Trauer und Aggression.
Für eine ganz grobe Unterscheidung mag das genügen. Ich fülle diese großen Schubladen für die alltägliche Anwendung mit weiteren nuancierteren Gefühlswörtern. Diese Listen sind keine vollständigen Vokabularien, sondern Hilfsmittel für lebendige Prozesse.

Es gibt drei Listen mit Gefühlsworten:
1. Liste: Gefühlsworte, die auf erfüllte Bedürfnisse verweisen
2. Liste: Gefühlsworte, die auf unerfüllte Bedürfnisse verweisen und
3. Liste: Worte, die mehr Interpretationen als Gefühle sind, die ich deshalb »Interpretations-Gefühle« nenne. Hier gilt es, tiefer nach dem eigentlichen Gefühl zu spüren.

Bedürfnisse

Auch hier finden manche Menschen, dass es nur sieben bis zwölf Grundbedürfnisse gibt. Marshall Rosenberg nennt Lebenserhaltung, Sicherheit, Liebe, Wahrhaftigkeit, Mitgefühl, Feiern, Gerechtigkeit, Zugehörigkeit, Autonomie und Sinnhaftigkeit.

An dieser Reduktion mag etwas dran sein – so wie es zwölf grundlegend verschiedene kosmische Urprinzipien gibt. Für den praktischen Umgang in der alltäglichen Verständigung finde ich es hilfreich, mehr Worte zur Verfügung zu haben.

Liste 1: Gefühle, die auf erfüllte Bedürfnisse hinweisen

belebt
angeregt
aufgekratzt
begeistert
beschwingt
froh
hingerissen
lebendig
lustig
schwungvoll
vergnügt
verzaubert

dankbar
ehrfürchtig
glücklich
warm

entspannt
angenehm
ausgeruht
beschaulich
gelassen
gelöst
ruhig
sicher
wohlig
zufrieden

herzlich
berührt
bewegt
erfüllt
sanft
vertrauensvoll
warmherzig
wohlwollend
zärtlich

interessiert
aufmerksam
engagiert
fasziniert
gespannt
gefesselt
hellwach
inspiriert
kreativ
neugierig

offen
aufgeschlossen
ehrfürchtig
empfindsam
hingegeben
hoffnungsvoll
staunend
wach
zart
zutraulich

kraftvoll
klar
motiviert
mutig
nüchtern
selbstsicher
souverän
stark
tatkräftig
zentriert
zuversichtlich

Liste 2: Gefühle, die auf unerfüllte Bedürfnisse hinweisen

abgeneigt
unbehaglich
widerwillig
widerstrebend

ängstlich
erschrocken
erschüttert
ohnmächtig
zaghaft

ärgerlich
empört
irritiert
wütend

angespannt
geladen
gestresst
unter Druck
verspannt

einsam
allein
gehemmt
verloren
verzweifelt

erschüttert
bestürzt
betroffen
ernüchtert
fassungslos
gelähmt
hilflos

müde
ausgelaugt
erschöpft
kaputt
schwach
schwer
teilnahmslos
verdrossen

traurig
bedrückt
betrübt
deprimiert
gequält
unglücklich
unruhig
besorgt
durcheinander
kribbelig
sehnsüchtig
ungeduldig
unzufrieden

unsicher
hin- und hergerissen
scheu
schüchtern
verlegen
verletzlich

verwirrt
durcheinander
unentschlossen
zerrissen
zwiespältig

Liste 3: «Interpretations-Gefühle«, mehr Interpretation als Gefühl

Häufig benutzen wir die Formulierung: »Ich fühle mich …« oder »Ich habe das Gefühl, dass …« und nennen dann kein Gefühl, sondern eine Beurteilung oder Interpretation dessen, was der andere tut.

abgelehnt
angegriffen
ausgenutzt
belästigt
beleidigt
belogen
benutzt
beschuldigt
betrogen
beschämt
erniedrigt
eingeengt
gezwungen
hereingelegt
hintergangen
ignoriert
manipuliert
missbraucht
missverstanden

nicht beachtet
nicht ernst
genommen
nicht gehört
nicht gesehen
… respektiert
… unterstützt
… verstanden
… wertgeschätzt
niedergemacht
provoziert
schuldig
übergangen
unbedeutend
unerwünscht
unter Druck
gesetzt
unterdrückt
unverstanden

unwichtig
unwürdig
verarscht
vergewaltigt
verlassen
vernachlässigt
verraten
wertlos
zurück-
gewiesen

Liste 4: Bedürfnisse

Achtsamkeit
Anregung
Ästhetik
Aufmerksamkeit
Aufrichtigkeit
Austausch
Ausgewogenheit
Authentizität
Autonomie
Bewegung
Bewusstheit
Dankbarkeit
Effektivität
Einbezogen sein
Einfühlsamkeit
Entfaltung
Entspannung
Entwicklung
Erfahrung
Erholung
Feiern
Freiheit
Freude
Frieden
Ganzheit
Geborgenheit
Gesundheit
Gemeinschaft
Glück
Harmonie
Individualität
Integrität
Intimität
Inspiration
Klarheit
Kongruenz
Kreativität
Lebenserhaltung
Liebe
Menschlichkeit
Mitgefühl
Nähe
Offenheit
Respekt
Ruhe
Selbst
-bestimmung
-entfaltung
-verantwortung
-verwirklichung
Sicherheit,
emotional und
körperlich
Sinn
Schutz
Sexualität
Spaß
Spiritualität
Struktur
Tiefe
Unterstützung
Verantwortung
Verbindlichkeit
Verbundenheit
Vertrauen
Verständnis
Wachstum
Wahrgenom-
men werden
Wahrhaftigkeit
Wärme
Wertschätzung
Wissen
Würdigung
Zugehörigkeit

Herzlichen Dank!

Zuallererst danke ich dem Universum, das mir mit diesem Buch das Spielfeld geschenkt hat, einen schon lange gehegten Wunsch zu verwirklichen: Zu veröffentlichen, was ich schreibe und es mit vielen Menschen zu teilen!

Ich danke meinen Inneren Wölfen und Inneren Giraffen, die mir den Treibstoff und die Reibung liefern, die mein Giraffenherz immer wieder herausfordert und wachsen lässt.

Ich danke meinem liebsten Giraffenwolf, David, dem Mann an meiner Seite, dafür, dass er mich zu meinem ersten Seminar mit Marshall und zu diesem Buch angestiftet hat und dass er sich immer wieder auf die Höhen und Tiefen und zunehmenden Freuden (hach, ja!) unseres Wolf- und Giraffentanzes einlässt.

Ich danke meinen Söhnen Leander und Timarian für ihre humorvolle Bereitschaft, Anteil zu nehmen an diesem zunächst etwas merkwürdigen Weg ihrer Mutter und für ihr Interesse und ihre Unterstützung bei der Entstehung dieses Buches.

Ich danke meinem Ausbildungs-Trainer und mittlerweile Kollegen Klaus-Dieter Gens für seine Geduld und offene Bereitschaft, sich immer wieder mit mir und meinen bohrenden Fragen auseinanderzusetzen und damit zu meinem intensiven Bedürfnis nach Klarheit und Kongruenz beizutragen.

Ich danke Groß(vater)-Giraffe Marshall, für den von ihm erfundenen VIER-Schritte Prozess, der mir alltäglich hilft, immer wieder aus den Klauen meiner Denkkonzepte hervorzutreten und in meinem Giraffenherzen zu ruhen. Und ich danke ihm dafür, dass er Seminare gibt, auf denen ich ihn live erleben konnte, wodurch meine Begeisterung für diese einfühlsame Kommunikation entflammt wurde.

Ich danke Isolde Teschner für mein Zertifizierungs-Gespräch, in dem für mich die Essenz der Gewaltfreien Kommunikation in hohem Maß lebendig war, nämlich mich selbst in einer Prüfungssituation nicht einen Millimeter von mir zu entfremden, sondern einander in tiefer Verbindung zu begegnen.

Ich danke Britta Dahlberg vom Frankfurter Ring,

die Marshall nach Frankfurt und damit vor meine Haustür gebracht hat.

Ich danke Stefan Stutz, für die quirlende, kreative Zusammenarbeit, mit der er meinen geschriebenen, buchstäblichen Wölfen und Giraffen in so köstlichen, humorvollen Zeichnungen Ausdruck verliehen hat.

Ich danke meiner Lektorin, Nayoma, die mit ihrem exquisiten Sprachgefühl meinen Worten den letzten Schliff gegeben hat.

Ich danke Karin und Konrad vom KOHA-Verlag, die diesem Manuskript Buchform geben und es in die Welt hinein bringen.

Ich danke meinen FreundInnen Margit, Michael, Sylvia und Christine, die mein Schreiben mit ihrer Anteilnahme, ihrem Interesse und ihrem Feed-Back ermutigt und unterstützt haben.
Und last not least danke ich den TeilnehmerInnen meiner Seminare für ihre Neugier, ihren Mut und ihr persönliches Engagement, mit dem sie sich auf Wölfe und Giraffen eingelassen haben und von denen und mit denen ich immer wieder viel lernen durfte.

Serena Rust

Serena Rust ist Beraterin, Coach, Moderatorin, international zertifizierte Trainerin für Gewaltfreie Kommunikation, Klärungshelferin und Autorin.
Schwerpunkte ihrer beruflichen Tätigkeit sind Beratungen und Coachings für Einzelne und Paare, Teammoderation, Konfliktberatung, Einführungen, Seminare, Trainings und Ausbildungen in »Gewaltfreier Kommunikation.«
Ihre Vision ist eine herzliche und effektive Verständigung, die individuelle Einzigartigkeit und Teamgeist zum Blühen bringt.

www.forum-gewaltfrei-frankfurt.de
www.serena-rust.de

Kontakt:
look@serena-rust.de

Literaturhinweise

Marshall Rosenberg, Gewaltfreie Kommunikation, Junfermann 2001

Marshall Rosenberg, Erziehung, die das Leben bereichert, Junfermann 2004

Marshall Rosenberg, Das Herz gesellschaftlicher Veränderung, Junfermann 2004

Ingrid Holler, Arbeitsbuch Gewaltfreie Kommunikation, Junfermann 2004

Susann Pasztor, Klaus-Dieter Gens, Ich höre was, das du nicht sagst, Junfermann 2004

Thomas d'Ansembourg, Endlich ICH sein Herder Tb, 2004

M. Rosenberg / G. Seils, Konflikte lösen durch Gewaltfreie Kommunikation, Herder spektrum

Internet:

www.cnvc.org (Marshalls Organisation in USA)
www.gewaltfrei.de (überregionale deutsche Seite)

www.forum-gewaltfrei-berlin.de (Kl.-D. Gens)
www.forum-gewaltfrei-frankfurt.de (Serena Rust)

Illustrator dieses Buches
www.stefanstutz.de

Serena Rust
Giraffentango
Selbstbewusste Kommunikation in der Partnerschaft

gebunden, € 14,95
ISBN 978-3-86728-295-6

Wollen Sie das volle Potenzial Ihrer Partnerschaft verwirklichen? »Giraffentango« bietet Ihnen hochwirksame Anregungen, um die Hindernisse auf dem Weg zu Nähe und Vertrautheit in Ihrer Beziehung meisterhaft zu lösen. Gewaltfreie Kommunikation ist dabei der Königsweg, um gut zuzuhören und die eigenen Bedürfnisse klar zu äußern. Statt in alten Mustern schmerzhaft stecken zu bleiben, lernen Sie die nächsten Schritte zu einer reifen, erfüllten Paarbeziehung. Statt sich in Kampf und Streit aufzureiben, werden Gespräche zu einem schwungvollen Tanz und die Reibung zur Inspiration für ein lustvoll aufeinander bezogenes »Wir«.

Serena Rust

Wenn die Giraffe mit dem Wolf tanzt

Geleitete Selbsteinfühlung, angelehnt an die vier Schritte der Gewaltfreien Kommunikation nach Dr. M.B. Rosenberg

Meditations-CD, 60 min
von der Autorin gesprochen, Musik Sayama
ISBN 978-3-86728-026-6

Auf dieser CD finden Sie drei geleitete Imaginationen, angelehnt an die vier Schritte und die innere Haltung der Gewaltfreien Kommunikation. Sie stärken mit diesen Imaginationen Ihr Einfühlungsvermögen und entwickeln eine positive Einstellung sich selbst und anderen gegenüber. Sie können damit Konfliktsituationen vor- und nachbereiten, sie sind aber auch ein hervorragendes Gegenmittel bei Gereiztheit, schlechter Laune und einer abwertenden Haltung anderen Menschen gegenüber.
Diese Übungen bieten eine gleichermaßen einfühlsame und effektive Anleitung, um

- die eigenen Gefühle kennen zu lernen und wirklich zu erleben
- sich von den eigenen Gefühlen zu Ihren dahinter liegenden Bedürfnissen führen zu lassen
- sich Ihrer Bedürfnisse bewusst zu werden und Ihre lebendige Kraft wahrzunehmen
- darin die klare Orientierung und die Schubkraft zu schöpfen, angemessen und wirkungsvoll zu handeln.